Dr Yves Davrou

Comment relaxer vos enfants

7 à 14 ans

RETZ
1, rue du Départ
75014 PARIS

Couverture : Dessin de Jacques TAILLEFER
Dessins intérieurs : Catherine BEAUMONT

Sommaire

Chers parents et éducateurs

Pourquoi ce livre? Pourquoi apprendre à relaxer vos enfants? La relaxation a-t-elle des vertus telles que son apprentissage s'avère nécessaire?
Nous allons essayer de répondre à ces questions mais aussi et surtout, une fois justifiée la démarche, vous apporter un guide pratique qui sera un complément à vos propres méthodes d'éducation.
N'oublions surtout pas que tous les parents sont des éducateurs, notamment au cours de cette période très importante où votre enfant a entre sept et quinze ans. Il ne s'agit pas, dans ce livre, de vous indiquer quelle doit être l'éducation à donner à votre enfant... surtout pas! Chaque parent, chaque pédagogue possède son propre programme... ou, tout du moins, celui-là même que ses « propres » parents ou ses supérieurs hiérarchiques lui ont légué.
Quoi qu'il en soit et quel que soit ce programme, nous n'avons pas, ici, à en discuter. Ce que nous voudrions vous apporter, c'est ce complément indispensable qui va améliorer la relation entre votre « enfant-élève » et vous-même, pour une meilleure communication. Ce sera le résultat d'une plus grande disponibilité réciproque.

Entre 0 et 6 ans, votre enfant a surtout besoin d'amour, d'affection, d'attention et de soins. Au cours de son développement le système nerveux et végétatif, ou instinctif se charge d'émotions... que nous espérons positives. A cet âge, l'enfant est une véritable « éponge » émotionnelle! Tout ce que vous-même sentez, ressentez et pressentez, il l'emmagasine, l'« archive ». Son adaptation au monde se réalise surtout à travers vous, de manière instinctive.

A 7 ans, il a acquis l'« âge de raison ». Cette frontière est évidemment schématique et arbitraire, mais c'est quand même autour de cette période que ses structures mentales vont lui permettre de raisonner, de comprendre et d'argumenter. Ses « circuits » intellectuels sont aptes à l'apprentissage rationnel, d'autant meilleur et efficace qu'il peut se faire harmonieusement, c'est-à-dire sans bloquage, sans inhibition.
Et c'est là que la relaxation va jouer un rôle essentiel : permettre aux capacités potentielles de l'enfant de s'épanouir et de s'exprimer.

La tranche d'âge qui nous intéresse ici, celle comprise *entre 11 et 15 ans* est la plus difficile à vivre; c'est généralement le moment d'une crise existentielle capitale, celle de la puberté. Ce « passage » ne se fait pas sans heurts. C'est une véritable métamorphose physiologique et psychologique pour cet enfant qui va voir son corps se modifier, son imaginaire se débrider. Il peut en être bouleversé. Là encore, la relaxation, et ce qu'elle implique, va lui permettre de devenir adulte, grâce à la prise de conscience de lui-même, de ses capacités, de ses possibilités d'autonomie et de maîtrise.
Certes, la relaxation n'est pas la panacée, mais elle peut être un outil précieux, si les éducateurs que vous êtes, voulez bien aider au processus de maturation de celui ou celle dont vous êtes responsables.
C'est votre devoir et votre tâche de donner à votre enfant le maximum de moyens pour qu'il puisse mener à bien sa vie. C'est aussi votre rôle le plus beau et le plus créateur.

L'âge de raison de 7 à 9 ans

Le tout-petit est entièrement dépendant

Depuis sa naissance et jusqu'aux environs de deux ans, c'est un bébé instinctif et affectif, avec ses besoins matériels et émotionnels, soumis à son milieu ambiant. Sa croissance est prodigieuse tant sur le plan corporel que sur le plan neurologique. Il apprend à marcher, à parler, à jouer... Cet apprentissage va se poursuivre de deux à cinq ans et l'enfant va constituer son bagage d'expériences. C'est une période durant laquelle les parents ont intérêt à lui « laisser faire » un maximum de choses afin qu'il apprenne par lui-même. Les conseils sont alors moins utiles que la surveillance... et la patience : il vaut mieux laisser un petit se brûler (légèrement) les doigts, plutôt que de lui « conseiller » ou de lui interdire de toucher à la casserole chaude! L'apprentissage se fait par le vécu et non par la conceptualisation... qu'il est incapable de réaliser, ses structures n'étant pas encore prêtes à effectuer ce genre d'intégration.

Le « moi » se développe donc spontanément de deux à cinq ou six ans mais sous la dépendance des influences qu'il reçoit. L'enfant s'épanouit physiquement en fonction de ce que ses parents lui apportent matériellement (nourriture, confort...) et de son environnement au sens large (conditions climatiques...). Son système neurovégétatif, son instinct mûrissent également selon ses possibilités d'adaptation dans le cadre familial.

Tout porte sur l'enfant, pas seulement les mots, les conseils, les apports matériels évidents, mais aussi les climats, l'ambiance dans laquelle il évolue; ce qui est formulé aussi bien que l'implicite, les « sous-entendus », etc. L'enfant est ainsi « conditionné » physiquement et psychologiquement par son hérédité dans un milieu déterminé.

Si ces conditions sont favorables, il se « charge » alors de « valences » positives; si, par contre, les conditions s'avèrent plutôt défavorables (disputes, punitions, refus systématiques, etc.), l'enfant se « charge » de « valences » négatives. Pourquoi ce mot « valence »? Parce que nous parlons en termes d'énergie. En effet, l'enfant est « bourré » d'énergie. Combien de fois ne nous a-t-il pas étonné par son énergie? Si elle peut s'exprimer, il manifeste alors une créativité extraordinaire, mais si la censure parentale ou scolaire se montre trop dure, l'enfant la « refoule » dans ses réserves les plus profondes pour la transformer probablement en angoisse. Pourtant, pour survivre, il doit faire éclater cette angoisse inhibée. Et en réalité il le fait par des colères, des cris, des larmes, des bris d'objets, etc.

L'enfant naît avec une énergie fantastique
Si cette énergie est exprimée, elle se renouvelle car elle est vivante et créatrice, sinon elle s'emmagasine et explose lorsque les tensions qu'elle impose sont devenues insoutenables. Alors se manifestent les crises citées plus haut. Mais, hélas, il arrive souvent que ce défoulement soit insuffisant pour vider le trop-plein. Pour se défendre, l'enfant devra trouver d'autres voies, c'est-à-dire qu'il s'« organisera » en « somatisant » son mal-être et en s'exprimant alors par des symptômes : énurésie, urticaire, eczéma, etc.
Ces considérations sont valables tout au long de l'enfance. Mais un âge marque une étape importante : c'est vers sept ans que les structures rationnelles élaborées peu à peu se mettent en place. L'enfant commence à intégrer des concepts et son « moi » peut alors s'enrichir. Il montre ses premiers désirs d'autonomie.

L'autonomie va de pair avec la prise de conscience
C'est ça l'âge de raison. L'enfant avait une conscience mais il n'en avait pas encore pris conscience. Qu'est sa conscience? c'est le « ciment » dynamique, la « force » qui agglomère son

corps, son esprit, son âme, il est un Tout. Un corps sans esprit... ce n'est rien. La Conscience est ce qui « unit » les différents éléments de l'être humain.
Le corps de l'enfant se développe très rapidement, il a plus que doublé sa taille depuis sa naissance et quadruplé son poids.

Mais il n'en a pas une vision claire, aussi ne sait-il pas qui il est... corporellement parlant. L'autonomie dont il aura besoin toute sa vie peut donc s'initier à partir de cette prise de conscience de sa corporalité, au présent. Le sport est un bon moyen, mais il n'est pas parfait car l'esprit de compétition qui l'anime maintenant exige plus d'automatismes « efficaces » qu'une véritable perception du corps.
On pourrait penser qu'un enfant de sept ans, pas encore trop « pollué » par le milieu extérieur, doit avoir une connaissance plus nette de sa corporalité. Or l'expérience prouve qu'il n'en est rien et, qu'en fait, si on ne le lui enseigne pas, il utilisera, certes, son corps, plus ou moins bien, mais de manière instinctive et automatique, sans le maîtriser, sans le « posséder » vraiment.

Notre culture ne donne pas au corps une place privilégiée...
C'est le moins que l'on puisse dire! Le corps serait plutôt le lieu du mal!
Grave erreur : nous ne pouvons maîtriser que ce que nous connaissons bien! Ce corps non intégré fait néanmoins partie de la Conscience; il est le support de cette énergie vivifiante, il est le « moi » nécessaire à toute autonomie véritable (le bébé, avant deux ans, ne dit jamais « je » mais « il » : bébé il est beau, bébé a faim).

Parlons un peu de ce « moi », si décrié et pourtant indispensable pour l'autonomisation qui sera, ensuite, la base de la transcendance vers le « soi » dont nous parlerons plus loin.
Le « moi » est un élément complexe auquel se rapportent tous les éléments connus. Il est le point de référence. Il forme, en quelque sorte, le centre du champ de la prise de conscience. Il repose, empiriquement, sur deux fondements distincts, l'un somatique (la corporalité), l'autre psychique, mais tous deux faisant partie d'un tout, la Conscience.

Toute prise de conscience du corps va donc ajouter à la conscience de soi et, par là même, favoriser le développement du « moi », qui ne doit pas être confondu avec l'« ego », qu'on a chargé des contenus négatifs que l'on sait.
Mais pourquoi cette dynamisation du « moi » est-elle indispensable? Parce que le « moi » est le centre de la personnalité de l'enfant.

La relaxation dynamique de Caycedo [1] est une fantastique méthode qui va permettre à l'enfant, d'abord d'apprendre à se concentrer et, ensuite, à percevoir son propre corps, à se reconnaître. Cet apprentissage dynamisera sa Conscience.
Pour cela l'éducation est elle-même à revoir. Trop souvent elle n'est que conditionnante : l'enfant n'est alors qu'une « éponge » que l'on imbibe et que l'on presse, sans qu'il puisse, véritablement intervenir.

L'éducation « autonomisante » est difficile
Pour deux raisons essentielles. La première est la propension de beaucoup de parents à considérer l'enfant comme « incapable » d'autonomie : en effet, ce sont eux les grands bénéficiaires de cette dépendance de l'enfant puisqu'ils ne trouvent leur raison d'être qu'à travers l'autorité qu'ils exercent sur lui. La deuxième raison est que le système éducatif, du moins dans nos pays, est basé sur un système « collectivisant », et non « autonomisant », et où le « savoir » et l'« avoir » priment sur l'« être ». On inculque donc à l'enfant des notions et des concepts très dogmatiques qui inhibent ses facultés d'expérience propre. On en fait donc des robots pleins de savoirs, sans existence authentiquement personnelle.

1. Alfonso Caycedo, d'origine colombienne, est le fondateur de la sophrologie, science médicale et philosophique, dont les méthodes sont basées sur différentes relaxations.

La pédagogie que nous préconisons est une pédagogie par le vécu, c'est-à-dire une communication authentique de notre senti et de notre ressenti à l'enfant. Aussi est-il indispensable que le parent ou l'éducateur « vive » la relaxation en même temps qu'il la communique, sente son corps, ait le sentiment de lui-même, de manière à pouvoir transmettre à l'enfant, de façon authentique et transparente, sa propre expérience.
Cet objectif, nous l'avons vu, est, dans un premier temps, la prise de conscience de la corporalité, au présent.

La relaxation dynamique et ses implications vont pouvoir apporter ce complément indispensable : l'être

Cette démarche ne pourra être entreprise que si les éducateurs impliqués (parents et maîtres) sont disposés à réviser certaines notions traditionnelles de l'éducation actuelle.
A ce sujet, chaque fois qu'un enfant est en difficulté, il serait bon que tout éducateur, parent ou pédagogue, se mette en question lui-même : « Qu'ai-je fait pour que ce petit être, qui a tout pour vivre au mieux, ne soit pas parfaitement bien? »
La relaxation sera pleinement efficace si elle est pratiquée, d'abord par la maman, le papa et le maître.
Tout, en effet, est contagieux : le rire est contagieux, mais la tristesse et l'anxiété sont aussi contagieuses. Si l'un des parents ou le maître n'est pas bien « dans sa peau », l'enfant le percevra instinctivement et en sera lui-même affecté.

Avant tout il faut expliquer à l'enfant qui a l'âge de raison

Lui expliquer pourquoi nous allons l'initier à ces méthodes de relaxation et le processus d'action. Il s'agit, évidemment, de trouver les mots simples que l'enfant comprendra facilement et non de pontifier. Un pédiatre de Madrid a mis au point une « leçon d'anatomie » pour les enfants absolument remarquable, où l'ensemble du système nerveux est expliqué en images; où, très simplement, les neurones sont remplacés par des « étoiles » (c'est la forme des neurones!) qui s'allument ou s'éteignent selon qu'ils sont sollicités ou non. Cette leçon d'anatomie claire et simple permet aux enfants de « piger » très vite en s'amusant et éveille leur intérêt. La motivation est, en effet, très importante car il est difficile (et souvent inutile) de leur imposer quelque chose... même si c'est « pour leur bien ».

Donnons ici un exemple
L'« éducateur » (parent ou maître préalablement entraîné à la relaxation dynamique) demande à l'enfant (ou à un groupe d'enfants) ce qu'il sent de son corps, quelles sont les sensations qu'il perçoit au niveau de ses bras, de son ventre, de ses jambes... En général, les réponses sont confuses, preuve que l'enfant n'a pas établi de « communication » avec son corps!
– « Pourtant, avec quoi marches-tu? Avec quoi prends-tu? Où respires-tu?... »

Le constat de cette ignorance va servir à « animer » la motivation de l'enfant. Il sera prêt à fournir l'effort nécessaire si cela doit lui permettre d'améliorer telle ou telle « performance ».
– As-tu envie de bien jouer au foot-ball?... au tennis?... de bien sauter, courir, etc.? »

On lui demande alors de contracter une partie de son corps, son poing et son avant-bras, par exemple, puis de le relâcher.
– « Que sens-tu maintenant? »
– « ...des picotements, de la chaleur, etc. »
– « Est-ce agréable? Amusant? Est-ce que tu sens tes deux bras de la même façon? etc. »

On essaiera, évidemment, de jouer avec l'enfant en lui proposant toutes sortes d'exercices qui lui permettront ainsi de découvrir, peu à peu, toutes les parties de son corps. L'important dans ces exercices n'est pas la phase de contraction, mais bien la phase de récupération, phase pendant laquelle l'enfant va pouvoir « savourer » toutes ses sensations aiguisées par le mouvement. Ce sont ces perceptions qui vont lui permettre de « faire connaissance » avec son corps et, par là, avec lui-même.

QUELQUES RÉFLEXIONS-CONSEILS

En quelque sorte des modalités d'application aux exercices qui vont suivre.

A la maison

Si le père ou la mère pratiquent déjà la relaxation, l'enfant aura tendance à réclamer sa participation à « ce que font papa ou maman ». L'« exemple » représente l'incitation la plus efficace.

Si tel n'est pas le cas, le jeu en petit groupe de copains, animé par un père ou une mère, est aussi un bon moyen pour provoquer la « demande ». Il ne faut surtout pas que l'« animateur » craigne le rire : il a souvent lieu, au début, pour faire place, ensuite, à la participation attentive. Ce qu'il faut surtout éviter, c'est la directivité. En effet, l'enfant ne doit pas considérer les exercices comme une corvée : il ne poursuivrait pas l'expérience.

Nous l'avons vu, il faut éveiller la motivation personnelle de l'enfant : outre les bénéfices qu'il peut en tirer dans la pratique d'un sport, il pourra vaincre la timidité, apprendre mieux, être plus persévérant, moins « nerveux », « guérir » des tics ou autres symptômes, etc.

A l'école

Que le maître n'hésite pas à utiliser la « turbulence » d'après récréation pour ramener le calme, sans avoir à crier : l'enfant excité n'a pas d'oreille. Le « Taisez-vous » ne sert pas à grand-chose... Une activation corporelle, au contraire, par un sautillement sur place, une tension de tout le corps, de bas en haut, un haussement des épaules, « parleront » beaucoup plus à l'enfant que tous les conseils du monde... surtout si le maître en donne l'exemple. Après toute tension corporelle survient, automatiquement, la détente.

Certes, cela demande une petite remise en question de la pédagogie pratiquée... mais l'expérience vaut la peine d'être tentée. Éducateurs, soyez donc bien dans votre « peau » vous-mêmes grâce à quelques minutes de relaxation avant votre cours. Vous serez étonnés de l'impact que cela peut avoir sur les élèves.

L'énervement, le « mal-être », les soucis sont très « contagieux »... la détente, le sourire, le « bien-être », aussi.

Ne vous effrayez pas si les enfants, au début, rigolent. Riez avec eux : le rire est un formidable exutoire et qui sera suivi du sourire et de l'attention « empathique ».

Toutes les expériences le prouvent : les enfants en redemandent. Peu à peu s'instaurera l'habitude de la « relax », cinq minutes au début du cours et, pourquoi pas, cinq minutes à la fin.

Pour transmettre il faut connaître

RELAXATION POUR LES PARENTS ET LES ÉDUCATEURS

Puisque vous allez être les « moniteurs » de vos enfants, apprenez vous-mêmes à vous relaxer et à prendre conscience des sensations corporelles qui vont vous permettre d'intégrer votre corporalité au présent, élément essentiel de votre Conscience.
Commencez par prendre la position debout et cherchez votre équilibre. Cela veut dire, très simplement, qu'il faut ne garder que les tensions musculaires strictement indispensables. Relâchez donc tous les muscles qui sont inutilement sous tension : les mâchoires, par exemple, ne sont pas obligatoirement serrées pour maintenir la posture debout... La nuque peut être plus détendue, de même que les mains, le ventre, les fesses. Gardez les tensions utiles, dans les jambes, mais essayez de relâchez tout le haut du corps.
Pour affiner votre attention et domestiquer votre concentration, vous avez intérêt à fermer les yeux et éliminer, ainsi, tous les « parasites visuels ».
Une fois le corps bien relâché et la respiration libre, vous pouvez faire un exercice qui va vous permettre de percevoir les modifications sensorielles apportées par un mouvement : en inspirant vous cherchez à toucher le plafond avec votre main droite, tout en portant le poids de votre corps sur la jambe gauche. Ainsi vous pouvez allonger toute la moitié

droite de votre corps, du bout du pied droit au bout de la main droite. En expirant, revenez à la position initiale.
Les yeux toujours fermés, accueillez les messages que vous adresse la moitié droite de votre corps et comparez ces sensations activées avec la moitié gauche, non encore dynamisée. C'est ça la prise de conscience, l'identification de la corporalité au présent.
Faites le même exercice avec le côté gauche, en portant le poids du corps sur la jambe droite afin d'accueillir les sensations de la partie précédemment passive, puis avec les deux mains tendues vers le haut en allongeant tout le corps afin d'en intégrer la totalité.

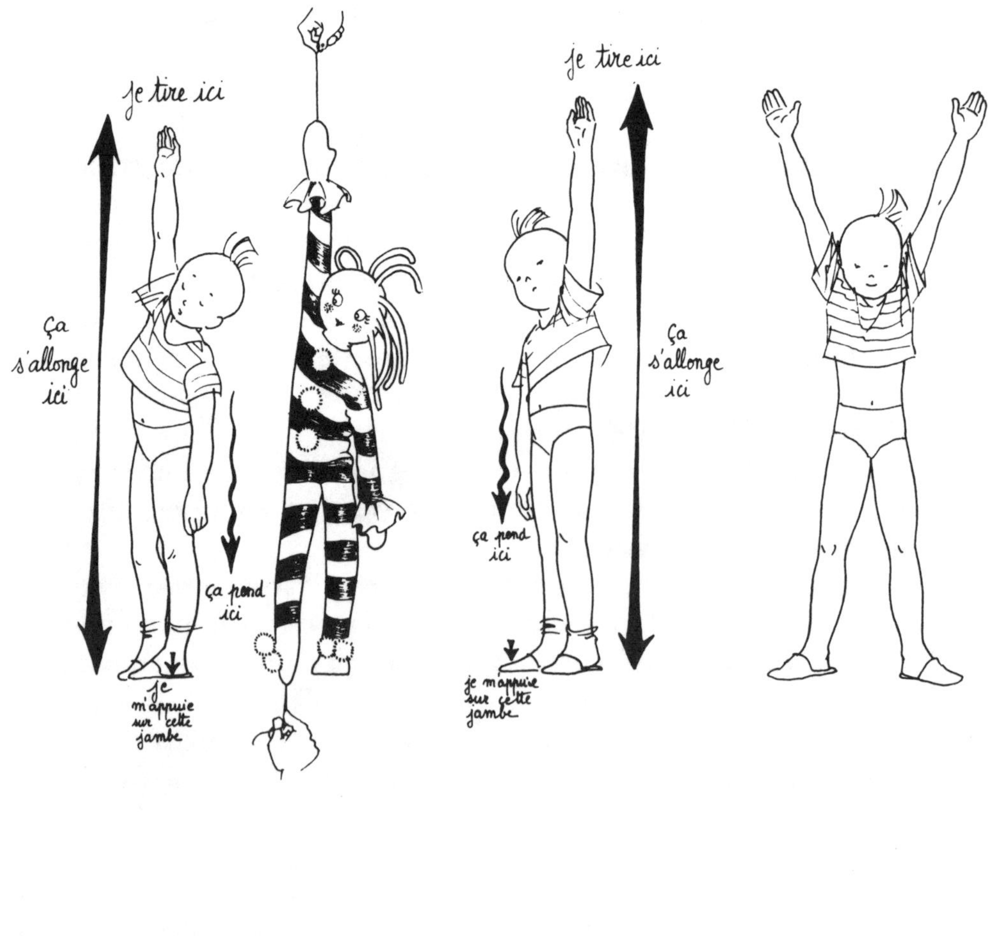

Asseyez-vous alors, pour savourer la détente qui suit la tension. Relâchez bien votre visage, vos épaules, vos bras, votre dos et votre poitrine, le ventre, le bassin, les jambes. Appréciez votre corps dans la récupération, la décompression et le repos. Peut-être aurez-vous ainsi l'occasion de vous réconcilier avec votre corporalité, au présent.

N'oubliez pas que la prise de conscience de votre corps fait partie intégrante de la prise de conscience de votre existence.

Appréciez bien votre respiration, libre, ample; votre circulation sans entraves, diffuse une douce chaleur jusqu'aux extrémités des doigts et des orteils.

Après deux ou trois minutes de récupération, étirez-vous, comme si vous veniez de vous réveiller après une excellente nuit; bâillez si vous en ressentez le besoin, puis ouvrez les yeux.

Comment allez-vous?

Répétez cet exercice une ou deux fois par jour pendant une semaine et ensuite seulement faites participer votre enfant aux bienfaits de la Relaxation dynamique grâce aux exercices suivants.

Découvrir son corps

« LE POLICHINELLE »

BUT DE L'EXERCICE

Il s'agit de faire connaissance avec le corps, notre ami, et de le savourer dans la détente et la récupération.

QUAND LE PRATIQUER?

Tous les jours, midi et soir, en rentrant de l'école.

COMMENT LE FAIRE?

Enlever les chaussures et être à l'aise dans ses vêtements.

Debout, sautille sur place comme un polichinelle, comme un pantin désarticulé. Les épaules sont souples, tout le corps est relâché. Dès que tu en as assez, arrête-toi de sautiller et allonge-toi sur la moquette ou sur un tapis. Ferme tes yeux, repose-toi.

Pense à ton corps. Que sens-tu? Raconte-moi ton corps.

Après quelques minutes, quand tu es bien calme, bien reposé, étire-toi comme si tu venais de dormir. Tu te réveilles en pleine forme. Ouvre alors tes yeux et dis-moi, d'abord, ce qui t'a plu le plus.

COMBIEN DE TEMPS?

Cinq à sept minutes sont suffisantes.

Il vaut mieux répéter les exercices que les faire durer trop longtemps.

Pour fixer son attention

« L'HOMME FORT »

BUT DE L'EXERCICE
Il s'agit de prendre conscience de l'énergie qui habite notre corps de la force qui l'anime et, aussi, de constater à quel point les exercices peuvent dynamiser notre corps.

QUAND LE FAIRE?
Quand on se sent distrait, la « tête ailleurs », avant d'apprendre ses leçons ou de faire ses devoirs.

COMMENT LE PRATIQUER?
Choisir un endroit calme dans la maison et, comme toujours, être à l'aise dans ses vêtements.
Debout, écarte les jambes et imagine que tu vas soulever puis porter le plus haut possible, un poids de dix kilos ou bien une boule comme celles que lancent les athlètes aux Jeux olympiques.
On commence par le côté droit : tu t'appuies bien sur ta jambe droite, tu prends une grande inspiration, tu te penches pour prendre le poids avec ta main droite et, en soufflant, tu soulèves et tu portes le plus haut possible la boule. Ensuite, tu laisses ton bras redescendre tout doucement et revenir le long de ton corps.
Ferme tes yeux quelques instants et constate la différence qu'il

y a entre ton côté droit, activé, et ton côté gauche, non encore activé. Essaie de bien sentir ce qui se passe. Écoute bien tous les « messages » que t'envoie tout ton côté droit.
Maintenant, fais le même exercice, avec le côté gauche, les yeux ouverts ou fermés, comme tu veux. Tu inspires, tu te penches pour ramasser ton poids avec la main gauche et tu le lèves le plus haut possible, en soufflant. Ensuite, reviens à la position de départ pour accueillir toutes les sensations qui te viennent du côté gauche.
Après quelques instants d'écoute, nous allons réunir les deux côtés du corps, en soulevant une grosse poutre, avec les deux bras.
Plante-toi bien sur tes deux pieds et tes deux jambes (tu peux même plier légèrement les genoux), inspire en te penchant en

avant pour prendre (en imagination!) la poutre et, en expirant l'air, en soufflant bien, soulève et lève le plus haut possible la poutre. N'imagine quand même pas qu'elle est trop lourde...! Ensuite, reviens à la position de départ.
Savoure alors ton corps. Constate comme il est fort. Sens bien toute l'énergie qui circule en toi. Sens l'agréable chaleur qui irradie partout.
Raconte ce que tu vis, ce que tu sens.
Si tu le veux, tu peux même écrire tout ce que tu sens sur un petit carnet spécial, et, de temps en temps, tu pourras le relire, pour voir tous les progrès que tu vas faire. Petit à petit, tu vas découvrir des tas de choses en toi!

COMBIEN DE TEMPS DURE CET EXERCICE?
Dix minutes sont largement suffisantes, aussi peut-on le répéter plusieurs fois dans la journée.

Apprendre à respirer

« LE HAUSSEMENT D'ÉPAULES »

BUT DE L'EXERCICE
Il s'agit, ici, de prendre conscience de la respiration et de la pratiquer comme il faut... c'est-à-dire à l'endroit! En effet, pendant très longtemps on nous a dit : « Respirez, rentrez le ventre! » Hélas, c'est le contraire qu'il faut faire! A l'inspiration, il faut sortir le ventre. Ainsi, on abaisse le diaphragme et on inspire un demi-litre d'air en plus...!
Or, l'air, c'est notre supercarburant! On peut se passer de manger et de boire pendant plusieurs jours... mais on ne peut pas se passer de respirer plus de deux minutes... et encore! La respiration est la fonction principale de l'être humain.

QUAND LE FAIRE?
Surtout le matin, au réveil, quand on est encore dans les « brumes »! C'est un formidable exercice de réveil.

COMMENT LE PRATIQUER?
Au début, on peut le pratiquer devant une glace, un miroir, pour vérifier si l'exercice est correctement effectué. S'il fait assez chaud, la tenue en costume de bain est indiquée.

Debout, bien planté sur tes pieds, tu mets une main sur ton ventre et l'autre au bas de ton dos, au creux des reins, et tu

vas vivre ta respiration. Est-ce que tes mains se rapprochent ou s'éloignent, lorsque tu « aspires » l'air, c'est-à-dire lorsque tu inspires?
Normalement, il faudrait que tes mains s'écartent, quand tu inspires, et qu'elles se rapprochent, quand tu expires. Mais ne t'inquiète pas si c'est le contraire qui se passe, tu vas apprendre à respirer à l'endroit!
Commence par souffler l'air en vidant ton ventre et en le pressant entre tes mains. Maintenant relâche tes mains... ton ventre se gonfle!
Recommence, trois ou quatre fois cet exercice.

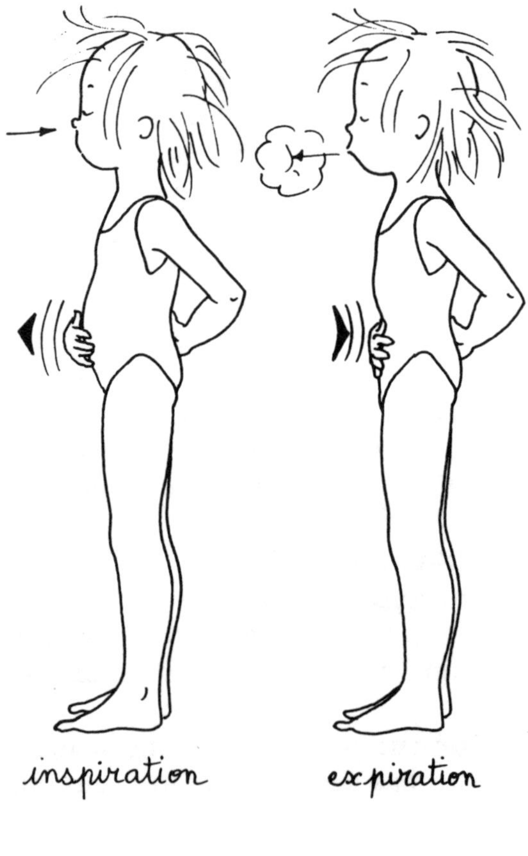

Maintenant, prends une grande inspiration, en gonflant ton ventre, et hausse les épaules plusieurs fois, en soufflant l'air et en pressant sur ton ventre. Que se passe-t-il maintenant? Peut-être peux-tu fermer les yeux pour vivre mieux ta respiration. Est-ce que tu sens l'air entrer et sortir, par le nez, la trachée, les poumons?
Recommence : inspire (ton ventre se gonfle et tes mains s'écartent), hausse plusieurs fois les épaules en soufflant l'air (ton ventre se vide et tes mains se rapprochent). Tu fais une petite pause, entre chaque exercice, pour « écouter » ce qui se passe et sentir les nouvelles sensations qui te parviennent.

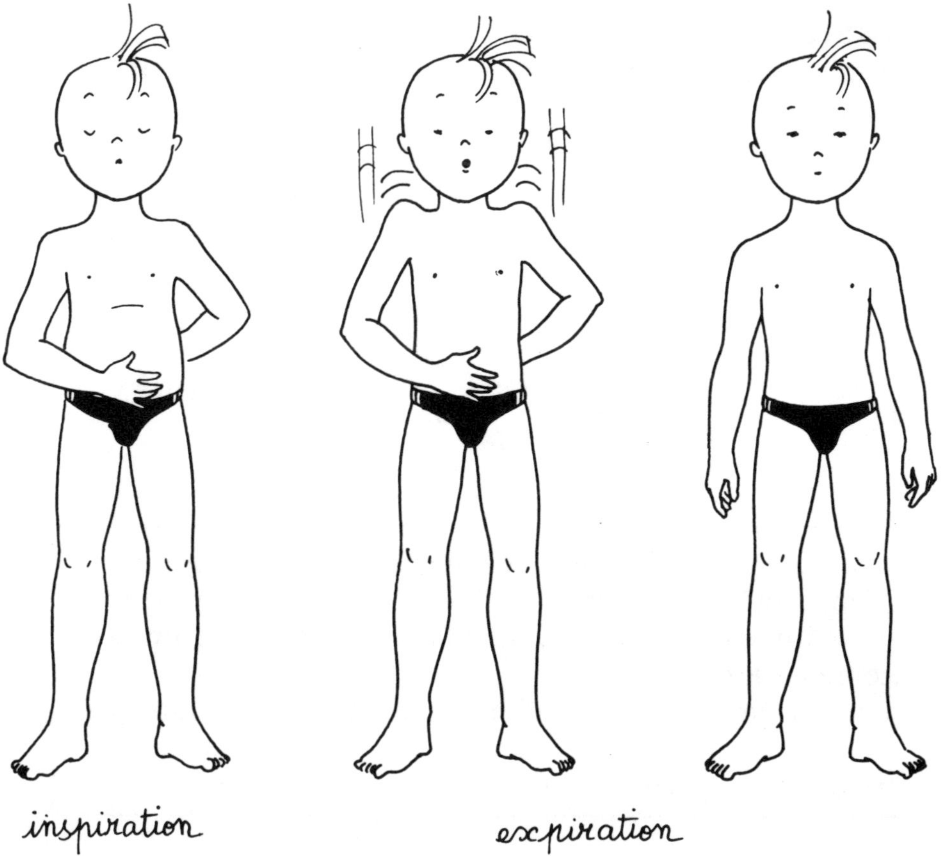

Tu peux faire une troisième fois cet exercice du « haussement d'épaules » et savourer, encore une fois, les bienfaits de la respiration, ample, libre. Sens-tu la douce chaleur qui circule maintenant à travers ton corps?
Maintenant, tu t'assieds, confortablement, sur une chaise ou dans un fauteuil, tu relâches bien tout ton corps et, les yeux fermés, tu te reposes, tu récupères.
Tu peux raconter ce que tu sens... ou bien l'écrire.
Attends que tout soit redevenu calme avant de t'étirer en soupirant deux ou trois fois, d'ouvrir tes yeux et de te lever... en pleine forme!

COMBIEN DE TEMPS DURE CET EXERCICE?
Dix minutes, à peine davantage, sont largement suffisantes.

Nous avons ici un bon exemple de pédagogie par le vécu.
L'apprentissage habituel se fait à travers le « conseil » : pour inspirer, on fait comme ça, pour expirer, on fait comme ça, etc.
Ce « système » exige de nombreuses répétitions alors que le vécu permet l'intégration rapide de l'exercice, sans la nécessité de répétitions innombrables.

Apprendre à bien s'endormir

« LE MOT QUE J'AIME »

BUT DE L'EXERCICE
Lorsque l'enfant a des problèmes à l'endormissement, cet exercice améliore grandement le moment souvent difficile. Il s'agit, au début d'un exercice volontaire mais qui va faire place, peu à peu, à une sorte de conditionnement positif, grâce à la répétition.

QUAND FAUT-IL LE PRATIQUER?
Le soir, une fois couché, la lumière éteinte.
Installe-toi confortablement, sur le dos, les bras et les jambes légèrement écartés.

COMMENT PRATIQUER?
Une fois installé, fixe ton attention sur ton corps, que tu commences à bien connaître, et relâche bien tout ce qui pourrait être tendu : tes mâchoires (desserre bien tes dents), tes épaules (laisses-les descendre un petit peu), tes bras et tes mains (ouvre tes poings s'ils sont fermés), tout ton dos en le laissant s'« étaler » sur ton lit (comme ça, ton ventre et ta poitrine vont se libérer et ta respiration se fera plus facilement), relâche bien tes fesses (qui sont, souvent, crispées) et, enfin, laisse aller tes jambes, bien reposées sur ton matelas.
Tes yeux sont fermés et tu savoures ton corps au repos. Sens-le, détendu, s'enfonçant agréablement et au chaud.

Maintenant, chaque fois que tu expires, tu vas dire tout bas, pour toi-même, sans le prononcer à voix haute, un mot de ton choix, un mot que tu aimes bien pour le calme qu'il suscite en toi. Je vais te donner quelques exemples mais c'est toi qui doit choisir le mot qui te plaît le plus : *calme, paix, détente, harmonie, sourire, bien-être* etc. N'hésite surtout pas à en prendre un autre qui te plairait davantage. Et laisse-toi alors descendre, tranquillement, dans le sommeil. Tu verras, ce *calme* va régner sur toute la nuit et, demain matin, tu vas te réveiller en pleine forme, bien reposé et gai pour toute la journée.

COMBIEN DE TEMPS DURE CET EXERCICE?

Ici... il n'y a pas de temps : jusqu'à ce que le sommeil arrive.
Il faut pratiquer cet exercice, tous les soirs, systématiquement, mais, au bout d'une quinzaine de jours, le « calme » s'installe automatiquement, même si l'enfant ne « fait » pas l'exercice.
L'insomnie était due à un conditionnement « négatif »; par cet exercice on a opéré un déconditionnement et un reconditionnement « positif ».

Apprendre à dominer sa colère

« LE COUP DE POING »

BUT DE L'EXERCICE
Permettre à l'enfant dont l'énergie s'est accumulée sans s'exprimer, au point que l'on sent l'explosion proche et inévitable, de s'extérioriser, sans casse et sans drame.

QUAND LE PRATIQUER?
Les jours « où ça va mal! », lorsque l'enfant est irritable, « nerveux », facilement en colère, lorsqu'il est tendu et crispé. Quand il se « ferme » ou quand ses réponses deviennent agressives.

COMMENT PRATIQUER?
Il serait peut-être bon de commencer par un petit sautillement sur place, genre polichinelle, histoire de se dégourdir un peu les jambes... Il est conseillé aux parents et aux éducateurs d'en faire autant!

Debout, bien campé sur tes jambes, inspire l'air (en gonflant évidemment le ventre) en levant jusqu'à l'horizontale ton bras droit. En retenant l'air, fais un moulinet autour de ton épaule, avec ce bras, puis lance-le en avant, très fort, en expirant fortement l'air retenu. Garde alors ton bras droit tendu devant toi et tu vas apprendre « l'art, difficile, de la détente dans la tension ». Comment? : ferme les yeux, détends (tu sais le faire)

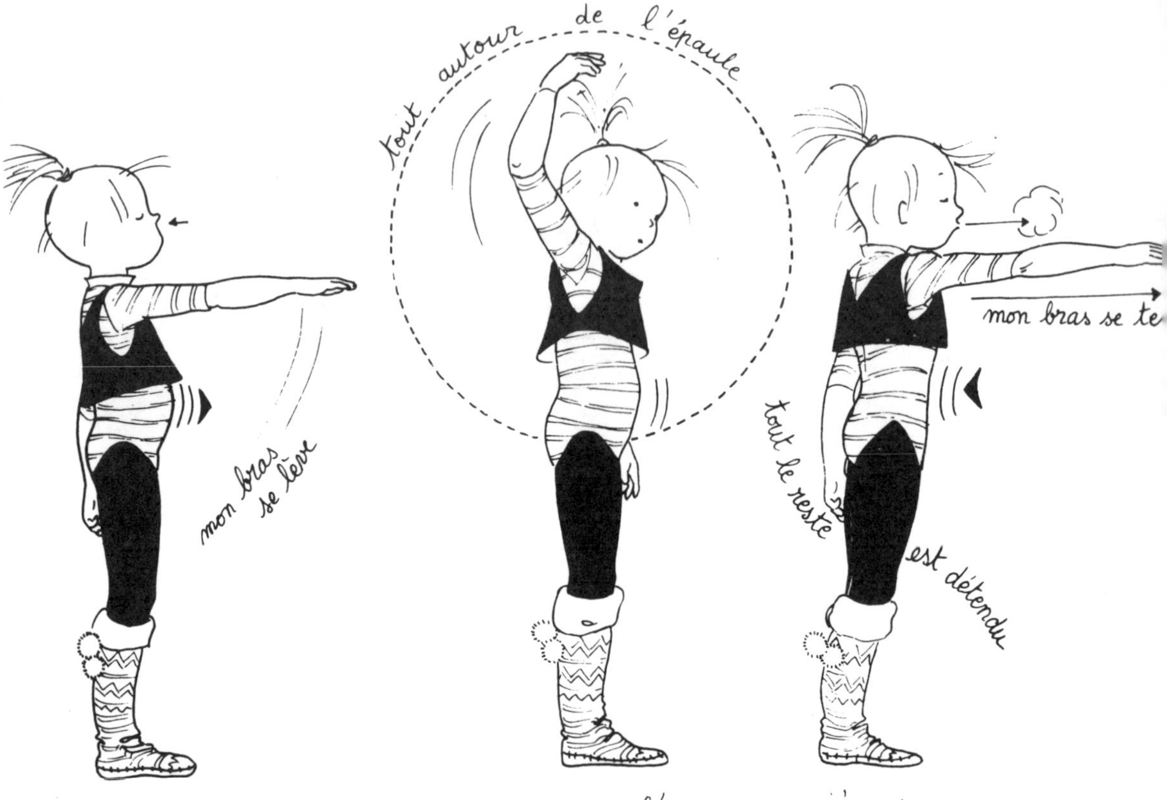

tout ce qui n'est pas ton bras droit qui, lui, reste tendu devant toi ; c'est-à-dire que tu vas détendre l'autre bras, tes mâchoires, ton dos et ton ventre (respire bien, librement). Puis, laisse redescendre ton bras droit tout doucement. Sens bien la différence entre tes deux bras. Détends-toi complètement en appréciant surtout les sensations qui te sont agréables. Pendant que ton corps se relâche et se calme, pendant que tu écoutes ses messages, tu vas essayer, les yeux toujours fermés, d'imaginer, de « voir » un paysage que tu aimes bien : la mer, la montagne, un lac, la campagne, etc. Il est difficile de faire, ainsi, deux choses à la fois, c'est-à-dire sentir son corps et imaginer un paysage, mais tu y arriveras, grâce à ton entraînement.

Maintenant, tu vas faire le même exercice avec le bras gauche : inspire l'air, retiens-le en faisant un moulinet du bras autour de ton épaule et, en soufflant fortement l'air retenu, lance ton bras gauche en avant et laisse-le tendu quelques instants. Ton bras gauche est donc tendu, mais tu peux relâcher tout le reste de ton corps : ton visage, ton bras droit, ta poitrine et ton ventre, ta respiration. Mieux encore! Tu vas essayer de retrouver ton paysage agréable, bien que ton bras gauche soit toujours tendu! C'est l'art de la détente dans la tension!

Tu laisses redescendre ton bras gauche, tout doucement, et tu « écoutes » les sensations qui te viennent de tout ton corps, en appréciant surtout celles qui te sont agréables. De temps en temps tu laisses venir ton image, comme une sorte de diapositive que tu pourrais laisser flotter « dans ta tête », sans effort.

Ensuite, tu vas faire le même exercice, mais cette fois-ci avec les deux bras, ensemble : inspire en les levant à l'horizontale, retiens l'air en faisant un double moulinet autour de tes deux épaules, et lance tes deux bras devant toi, en avant, en soufflant fort. Tu les laisses tendus, mais tu relâches tout le reste : le visage (surtout les mâchoires!), le dos, la poitrine et le ventre (respire bien, calmement), les fesses. Détends-toi, mentalement, en retrouvant l'image de ton paysage et en accueillant toutes les sensations agréables qui viennent de ton corps.

Allonge-toi, maintenant, en laissant bien aller tes bras le long de ton corps. Respire calmement, écoute toutes les sensations qui te viennent et qui te plaisent, et contemple, en même temps, le paysage beau et calme que tu as choisi...

je respire et j'écoute mon corps

Tu vas, maintenant, laisser de côté ton image (tu pourras la retrouver quand tu le voudras) pour savourer encore mieux toutes les modifications positives que tu as pu obtenir : ton corps est détendu, il n'y a plus de tensions, et ton esprit aussi est calme et détendu. Vois la différence avec tout à l'heure.
Tu sais, maintenant, que tu es capable de maîtriser, tout seul, tes tensions, tes colères. Tu es le maître de toi-même.
Étire-toi, respire amplement, plusieurs fois, ouvre les yeux, assieds-toi, et vois comme le monde est beau!

DURÉE
Environ un quart d'heure.

Apprendre à se tenir droit

« JE VEUX GRANDIR »

BUT DE L'EXERCICE
Il est double. Physiquement, il va permettre à l'enfant de prendre conscience de son buste mais, surtout, de sa colonne vertébrale et de se « tenir droit » sans que l'on ait à le lui répéter... des centaines de fois.

QUAND PRATIQUER CET EXERCICE?
Après que l'enfant ait déjà deux à trois mois d'entraînement, c'est-à-dire qu'il ait fait tout ou partie de ce qui a déjà été décrit, qu'il y ait pris goût et qu'il ait envie de progresser encore. Cet exercice peut alors devenir « son » exercice durant une quinzaine de jours.

CONSEILS
Un peu toujours les mêmes. Surtout, ne pas forcer l'enfant : donc faire en sorte qu'il en ait envie et pour cela bien expliquer, au préalable, de quoi il s'agit. Aussi est-il conseillé aux éducateurs (parents et maîtres) de s'exercer eux-mêmes, avant de le proposer à leurs « élèves ».

COMMENT PRATIQUER?
Debout, commence par une détente physique et mentale : tu sais maintenant le faire, et tu peux même reprendre l'image de ton paysage préféré. Relâche donc ton visage, tes épaules, tes bras, ton dos, ta poitrine et ton ventre, tes fesses et même

quelques muscles trop tendus de tes jambes. Détends-toi aussi mentalement, « comme si tu voulais dormir »... mais pas pour dormir « pour de bon »! Vois si ton corps est bien planté au sol, les pieds bien enracinés!
Tu vas croiser tes doigts, la paume de tes mains dirigée vers le sol. Tes mains sont donc croisées devant toi et tu vas faire tourner, tout doucement, ton buste, tes épaules, ta tête... mais

sans bouger ton bassin ni tes jambes. Imagine-toi bien planté sur un socle représenté par tes jambes et ton bassin et sur lequel tourne, vers la droite et vers la gauche, le haut de ton corps. Pendant que tu tournes ainsi très lentement, tes mains vont monter, à chaque tour un peu plus haut, jusqu'à ce qu'elles soient au-dessus de ta tête. Ensuite, tu redescendras tes mains, de la même manière, tout en continuant de tourner ton buste sur le socle immobile de ton bassin et de tes jambes.
Une fois tes mains revenues à leur point de départ, décroise-les, laisse-les de nouveau pendre le long de ton corps et essaye de bien sentir toutes les sensations qui t'arrivent. Écoute surtout ton dos, ta colonne vertébrale, bien droite.
Assieds-toi, maintenant, en t'installant au fond du siège, le dos appuyé sur le dossier, bien droit. Sens la force de ton dos.
Tu vas aussi profiter de cette récupération pour essayer de te voir, l'été prochain, pendant les grandes vacances, comme tu as envie de te voir : en pleine forme, à la campagne, à la montagne ou à la mer, comme tu en as envie... également là où tes parents t'emmèneront! Imagine donc l'endroit, avec le temps que tu préfères; seul ou avec les amis que tu aimes le mieux; en train de jouer ou de nager ou de courir... comme tu veux. Essaye, surtout, de te voir comme tu as envie d'être cet été. Compare avec l'été dernier : tu as grandi.
Maintenant, laisse de côté cette image (tu la retrouveras autant de fois que tu le voudras) et reviens au présent pour bien sentir à quel point ton corps s'est reposé et à quel point il est fort et grand. Si tu te tiens toujours bien droit tu seras grand.
Étire-toi comme tu sais le faire; bouge tes pieds, tes mains et ouvre les yeux.
Comment vas-tu?

COMBIEN DE TEMPS DURE CET EXERCICE?
Un quart d'heure, à peine. Il faudra, évidemment, le répéter pendant plusieurs jours.

Vaincre sa timidité

« JE VEUX GAGNER »

BUT DE L'EXERCICE

Cet exercice est surtout destiné aux enfants « complexés » ou qui ont le « trac » avant une compétition sportive, avant un examen ou une épreuve quelconque.

QUAND PRATIQUER CET EXERCICE?

Une semaine, au moins, avant l'épreuve et tous les jours (deux fois par jour, si c'est possible).
Pour une bonne préparation, bien faire l'exercice physique préalable qui va favoriser la disponibilité.

COMMENT PRATIQUER?

Debout, détente physique et mentale en respirant calmement et en relâchant progressivement tous les muscles du corps, de la tête aux pieds. Tu sais parfaitement le faire. Tu te laisses aussi aller « au bord du sommeil » pour bien apprécier le calme qui est en toi.
Tu vas mettre, maintenant, tes mains au-dessus de la tête et tu vas essayer, en plus de te « sentir » du dedans (ça, tu connais), de te voir du dehors. « Regarde-toi », comme tu es, là, en te regardant de face, de profil et même de dos. Essaye donc de te voir, tel que tu es. Puis penche-toi, vers la gauche, vers la

droite, toujours en te « voyant » bouger dans l'espace. Fais ce balancement plusieurs fois et, ensuite, assieds-toi pour récupérer, en te « regardant », les yeux toujours fermés, t'asseoir. Respire bien, calmement, puis laisse de côté cette faculté de te voir pour uniquement t'occuper de ce que tu sens dans ton corps. Apprécie bien tout ce qu'il te « dit ».
Tu vas maintenant profiter de ce repos, de ce calme, pour te préparer à « gagner » : imagine une scène qui se déroulera quelques jours après l'« épreuve » que tu dois affronter. Cette scène est tout à fait agréable, tu t'y sens bien... surtout que l'épreuve est terminée et que tout s'est très bien passé, comme tu le voulais!
Reviens au présent, apprécie comme tu es bien maintenant, et apprête-toi à reprendre tout le tonus musculaire nécessaire à la vie active et le niveau de vigilance nécessaire pour avoir les yeux ouverts. Étire-toi et lève-toi. Comment vas-tu?

COMBIEN DE TEMPS DURE CET EXERCICE?
Un quart d'heure et il faudra le répéter tous les jours pendant une semaine environ. A chaque répétition, la scène positive imaginée dans le futur sera peu à peu rapprochée de l'événement redouté afin de pouvoir, enfin, envisager l'« épreuve » de manière neutre : elle aura été « dédramatisée » par la répétition des lendemains positifs.

LA RELAXATION
À 7 OU 8 ANS
POUR QUELS BÉNÉFICES?

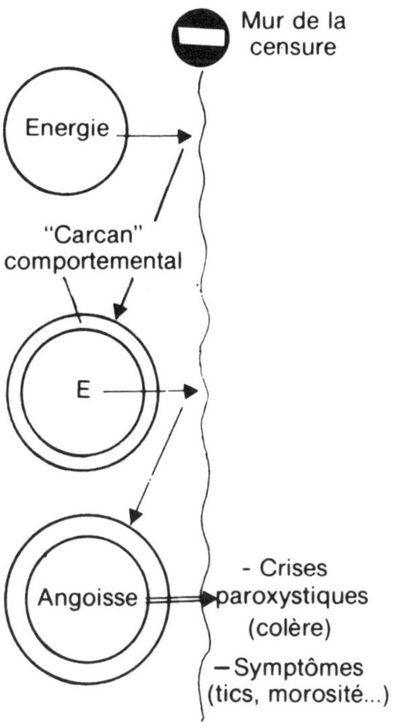

Si les conditions de développement et d'expression de l'enfant de sept, huit ans ne sont pas adéquates, si les contraintes de la censure environnante l'empêchent de croître harmonieusement et de s'émanciper, nous serons alors en présence d'un enfant « entravé ». Ses structures comportementales stéréotypées hypertrophiées et contraignantes lui interdiront d'extérioriser librement ses propres dynamismes, d'une part, et de s'enrichir d'un champ personnel nécessaire à la prise de conscience d'autre part.

NON!
JE SUIS
ABSENT

L'énergie qui l'anime ne se manifestera alors qu'à travers, soit des crises paroxystiques de colères ou d'angoisses, soit des symptômes : tics, eczéma, urticaire, asthme...

A la maison, les crises paroxystiques se manifestent surtout par des accès de colère (cris, agitation, agressivité, brutalité envers les frères et sœurs, les animaux), ou d'angoisse (timidité excessive, insomnie, inadaptation). Les symptômes observés sont souvent les maladies « dites » allergiques : urticaire, eczéma, asthme (l'enfant « étouffe » dans son carcan!), les retards staturaux-pondéraux (enfants petits, malingres) ou, au contraire, l'obésité. Il peut se présenter des manifestations plus larvées, comme l'énurésie (« pipi au lit »), les ongles rongés, les tics, etc.

A l'école, les manifestations de ce « mal-être » s'exprimeront d'une manière différente : l'enfant est dissipé ou apathique; il a des troubles de la mémoire, d'énormes difficultés de travail, de lecture, de concentration. Il est, soit coléreux et agressif envers ses camarades, soit d'une timidité telle qu'il devient le bouc émissaire, le souffre-douleur; de toute manière, il accumule des retards scolaires importants.

Avant l'apparition des méthodes holistiques [1] modernes, nous avions tendance à soigner le symptôme lui-même, ce qui s'est avéré être une erreur. En effet, si l'on veut bien considérer l'enfant comme un tout, le symptôme n'est qu'une manifestation du « mal-être » du tout et peut alors être défini comme une défense qu'il ne faut pas lever sans avoir, au préalable, renforcé les structures du tout. Si on enlève le tic, par exemple, qui était le « symptôme-décharge » du trop-plein d'énergie inexprimée, ou

1. Le terme « holistique » vient du grec *Holos,* qui veut dire tout, entier.

la timidité qui était le « symptôme-refuge » de l'inadaptation, l'enfant, qui aura gardé son besoin de compensation, développera un autre symptôme, peut-être plus grave encore. C'est donc la personne de l'enfant dans sa totalité qu'il faut structurer, renforcer; le corps faisant partie intégrante de cette globalité, il sera la base idéale pour le développement du tout. Mais il ne s'agit pas de le dynamiser seulement par de la gymnastique qui ne favorise que le muscle. La Relaxation dynamique va permettre l'apparition de la **prise de conscience** grâce au développement du champ personnel (la personnalité

propre de l'enfant), de cette structure latente située entre le noyau énergétique et le champ comportemental. C'est là, et là seulement que peut s'exercer le contrôle. Contrôler ne veut d'ailleurs pas dire inhiber, mais bien « responsabiliser », c'est-à-dire ne plus être irrémédiablement victime de l'environnement ou des pulsions intérieures, mais d'en prendre conscience lors de leur « passage » dans le champ personnel.

Les exercices préconisés précédemment, simples et adaptés à l'âge de l'enfant, font partie d'une nouvelle dynagogie, ou « conduite de l'énergie », permettant le développement harmonieux de l'enfant grâce à l'utilisation adéquate de ces deux « moteurs » essentiels : l'énergie fantastique qu'il possède et son imagination, que l'on a, malheureusement, trop tendance à brider.

La Relaxation dynamique va lui permettre, dans un premier temps, de se relâcher, de se détendre, d'assouplir cette couche comportementale qu'il porte comme un carcan. Cet assouplissement va alors laisser la place à la croissance du champ personnel, celui de la prise de conscience, de l'intégration, de l'assimilation... de la « responsabilisation ». Peu à peu, l'enfant prend conscience de son corps en tant que partie intégrante de lui-même. Il pourra alors occuper vraiment son espace vital, il existera en tant que tel, au monde. En prenant conscience, il prendra confiance. Il n'aura alors plus besoin, progressivement, de ses symptômes-défenses qui s'estomperont, pour faire place à un enfant sain et fort. Les projets qui fourmillent dans son imagination seront alors plus tangibles et leurs réalisations possibles. La motivation va, peu à peu, s'éveiller et ainsi lui permettre de satisfaire sa soif de connaître et de comprendre.

« On ne peut pas » ou « on n'y arrivera pas », ou « on ne sera pas capable de », se l'entendre dire tous les jours, à la maison, à l'école, démobilise et démoralise tout enfant. Par contre, se rendre compte de son potentiel, de ses possibilités, va lui permettre de canaliser son énergie, sa « dynamis » (puissance), vers les buts et idéaux qui sont les siens.

L'enfant de huit, neuf ans, responsable, ne se réfugie pas dans des symptômes et ne gaspille pas son énergie dans des crises paroxystiques, mais devient ambitieux et canalise ses forces en vue de la réalisation de ses projets.

L'enfant de 9 à 11 ans

La division en tranches d'âge que nous introduisons ici est tout à fait arbitraire et, surtout, très aléatoire. Un enfant de neuf « années de vie » peut n'avoir que six ans au niveau de ses comportements. A l'inverse, cet enfant de neuf ans peut en avoir onze ou douze au niveau des manifestations de son autonomie et de ses responsabilités. Son passé, les contextes familial et scolaire prennent une grande importance à ces âges. Le préadolescent est une « éponge » : il s'imbibe des données de son entourage et ne les restitue que si on le « presse ». C'est l'âge de la curiosité, des questions qui témoignent du besoin fondamental de connaître et de comprendre. Son **énergie vitale** est colossale, mais ses moyens de la canaliser et de l'orienter sont flous. Il est souvent turbulent, car il a besoin d'« exprimer » cette énergie. Le rôle des éducateurs que sont ses parents ou ses maîtres va consister à répondre à ce besoin fondamental de « comprendre » mais aussi aux besoins fondamentaux, physiologiques et psychologiques;
– besoins physiques : respirer, manger, boire, dormir, équilibre thermique, etc.
– besoins psychologiques : aimer et être aimé, produire (créer)...

La relation à établir avec ces êtres en devenir, en pleine croissance, pourra (et devra) se faire sur le mode « chaleureux » car leur plus grande préoccupation est, certainement, d'aimer et d'être aimés. Cela nécessitera, comme nous l'avons déjà dit (et comme nous aurons encore l'occasion de le répéter...), de la part de l'éducateur qu'il se connaisse parfaitement bien lui-même, afin qu'il maîtrise ses emportements, ses « agacements », pour pouvoir prêter son attention à celui ou à celle dont il a la charge et la responsabilité. S'il est vrai que beaucoup de choses sont à l'étape prépubertaire déjà structurées, en bien comme en mal, on peut affirmer que l'enfant est encore suffisamment malléable pour que tout ne soit pas fixé irré-

médiablement. Aussi est-ce le moment propice pour commencer, en douceur et avec patience, l'émancipation de cet enfant. On lui permettra, ainsi, de trouver les orientations et les voies propices à l'expression de son énergie vitale : le sport, les arts, le travail manuel et intellectuel, la spiritualité, etc.
Ce qu'il faudrait surtout éviter c'est le « conditionnement ». En effet, qui dit malléabilité, dit fragilité. Rien ne serait plus facile que d'orienter cet enfant selon nos propres désirs avec pour effet néfaste de le rendre entièrement dépendant. Cette dépendance est, hélas, la cause de bien des névroses rencontrées plus tard chez des « adultes » incapables de se prendre en charge eux-mêmes. Certains parents et pédagogues ont une fâcheuse tendance à n'établir avec l'enfant que des rapports basés sur l'autorité et les relations de « pouvoir ». A qui cela profite-t-il? A l'« adulte » évidemment, ainsi dispensé de négocier avec l'enfant. Cette solution de facilité peut entraîner des conséquences catastrophiques pour l'avenir.
La relation chaleureuse, au contraire, va permettre d'établir des rapports basés sur l'« empathie », où l'écoute de la part de l'éducateur va être primordiale. Essayons de nous mettre à la place de l'enfant. Notre propre place n'en sera que mieux définie. Ainsi nous ne serons pas obligés de l'abandonner pour nous mettre sur la même « longueur d'ondes » que l'enfant.

Le « connais-toi toi-même et tu connaîtras l'univers » s'applique à tous les âges et particulièrement à cet enfant doté d'une insatiable curiosité. Nous avons déjà parlé du rôle primordial que joue la motivation, le désir, peut-être plus difficiles à déclencher avant neuf ans. Ici, la demande existe, la motivation est en marche : « Dis-moi, Papa...? », « Pourquoi, Maman...? », « Est-ce que, Monsieur, Madame...? ».
Profitons donc de cette demande : ne répondons pas par des phrases toutes faites, des clichés ou des lieux communs. Renvoyons chaleureusement à l'enfant sa question : « Cherche toi-

même et tu trouveras : si tu poses cette question, c'est que tu as, déjà, des éléments de réponse. » Essayons de ne pas nous faire, trop souvent, plaisir en « étalant notre science ». La source principale de la connaissance n'est pas en dehors de l'enfant mais bien en lui-même. C'est son énergie vitale qui, à l'aide de la relation empathique avec son « éducateur », peut se transformer en expérience. La connaissance n'est pas une « importation » de savoir intellectuel emprunté à une personne (ou à un livre) mais bien une création qui se fait à partir des stimuli des informations. Ce processus s'intensifie au fur et à mesure que l'enfant s'enhardit et prend confiance en lui-même. Son intérêt et sa concentration augmentent en fonction de sa capacité à intégrer les données captées. En bref, cela veut dire que l'on a souvent agi comme s'il était suffisant de faire « ingurgiter » à un enfant une tonne de connaissances pour en faire un savant... Or cela est faux. Ces connaissances doivent, en fait, être assimilées de telle façon qu'elles soient véritablement « re-créées » par l'élève. Sinon, tout est oublié... très vite.

Mais que vient faire ici la relaxation?

Si l'enfant a déjà bénéficié des exercices que nous avons décrits précédemment, il va pouvoir poursuivre son cheminement vers la connaissance de toutes ses fonctions et de tous ses paramètres existentiels. Si, par contre, ce livre arrive alors qu'il a déjà neuf ans, il lui faudra commencer par les exercices qui lui permettront de prendre conscience de son schéma corporel. N'oublions pas que le corps, que la sensorialité, est l'élément moteur mais aussi récepteur indispensable de l'individu et qu'il doit être perçu de l'intérieur et non pas seulement connu en tant que concept.

La relaxation, en elle-même, ne sert qu'à libérer l'enfant des entraves et des nœuds, physiques et psychiques, qui l'empêchent de trouver son identité.

Certains « adultes » vont peut-être penser que c'est donner

beaucoup d'importance à l'enfant que de le considérer comme un « être » capable d'aspirer à une telle autonomie. Ce serait vrai si nous nous contentions des apparences, des simples comportements. Mais il faut tenir compte des structures sous-jacentes, de ce potentiel, de cette « réserve » extraordinaire de l'enfant, qui ne se manifeste pas toujours avec évidence mais qui est là, bien là, et toute-puissante.

Une fois la corporalité « assimilée », nous pourrons l'aider dans l'étape suivante qui sera celle du **sentiment.** Ce mot, pris dans une acception très large sous-entend l'émotion et l'affect mais aussi l'appréciation globale de son existence. On emploie, par exemple, ce mot pour désigner un « avis » : « Quel est votre sentiment sur cet objet? » Prendre conscience de cette fonction « sentiment » c'est, en fait, identifier notre capacité d'évaluer, de juger et d'apprécier globalement ce « qui » nous sommes et, aussi, notre présence dans notre environnement : notre **existence.** L'enfant qui ne s'apprécie pas lui-même va avoir recours aux autres pour « exister ». En un mot, au lieu d'être, l'enfant va tenter de paraître. Si cela peut être considéré comme « normal » jusqu'à un certain âge, il n'en sera plus de même un peu plus tard.

L'exercice préconisé page 19 est conseillé aux parents et aux éducateurs qui prendraient ce livre « en marche » sans avoir encore appliqué les techniques décrites jusqu'ici.
Encore une fois, c'est la pédagogie par le vécu que nous préconisons : l'authenticité ne se transmet pas par le seul « savoir » mais bien par l'« être ».
Pour que l'élève se sente bien, il faut que le maître soit, lui-même, parfaitement bien.

Nous avons abordé ce thème dans le dernier exercice du précédent chapitre, en demandant à l'enfant de se voir dans l'espace. Nous allons affiner cette capacité.
La relaxation lui permettra également d'identifier sa fonction émotionnelle. En effet, si l'enfant « ressent » énormément, il est néanmoins très fragile parce qu'il ne maîtrise pas ses émotions : il les subit. Son énergie vitale est si puissante que lorsqu'elle alimente l'émotion, la violence de celle-ci la rend difficile à contrôler... surtout si elle n'a pas été identifiée (par des manifestations physiques par exemple). L'émotion, en effet, se « manifeste », s'exprime par le corps et, donc, se contrôle par le corps. D'où, encore une fois, la nécessité de connaître et d'intégrer la corporalité.
Enfin, nous continuerons à l'aider dans la découverte : du Présent qui lui sert de point de référence, du Futur ou monde de ses possibilités, du Passé où réside sa réserve positive.

COMMENT VA-T-ON METTRE EN PLACE LA PRATIQUE DES EXERCICES?

A la maison : L'enfant, *a priori,* a d'autres chats à fouetter que de se plier à un quelconque entraînement à la relaxation... Pas si sûr. Il a, lui aussi, ses soucis, ses ennuis, ses « manques », mais de manière inconsciente. Il est avide de communication avec ses parents, aussi toute proposition de participation à une action familiale sera accueillie favorablement. Les exercices pratiqués en commun sont un excellent moyen de renforcer les liens.
Certes, la meilleure manière de motiver l'enfant reste toujours la pratique, par les parents, des exercices de Relaxation dynamique. L'enfant aura peut-être tendance,

du début, à sourire, mais sa curiosité l'incitera à vouloir faire « comme eux ».
La motivation peut aussi être stimulée par la promesse de la réalisation plus aisée et plus certaine des projets de l'enfant : passage dans la classe supérieure, réussite d'une compétition sportive, développement des capacités de concentration, d'autonomie, de responsabilité. S'il y a maladie, la Relaxation dynamique est un excellent adjuvant aux médications traditionnelles, elle en accélère le processus de guérison.

A l'école : Là encore, la cohésion du groupe sera grandement facilitée par la pratique des exercices et du dialogue qui s'ensuit.
Après une ou deux séances de mise en route, où il peut y avoir quelques difficultés à « innover », le pédagogue bien entraîné lui-même tirera tous les bénéfices d'une relation plus chaleureuse et plus coopérative. Les dix minutes « perdues » en début de cours seront largement rattrapées par la qualité de l'écoute et de la participation.

Pendant les cours de gymnastique, et sans rien modifier au sacro-saint programme, le professeur aura intérêt à proposer, en fin de séance, quelques minutes de récupération afin que l'enfant puisse tirer bénéfices des exercices pour « intégrer » le vécu corporel, c'est-à-dire l'assimiler et en prendre conscience.
Il peut y avoir là aussi, au début seulement, quelques ricanements mais cela ne dure guère car la perception du corps est une révélation pour l'enfant qui pressent son importance... et sa grandeur.

« Je suis bien dans ma peau »

RELAXATION DYNAMIQUE FONDAMENTALE

BUT DE L'EXERCICE
L'essentiel de cette relaxation, c'est de vivre au présent dans son corps. Le schéma corporel de l'enfant étant en mutation permanente, sa prise de conscience s'avère nécessaire de manière répétitive.

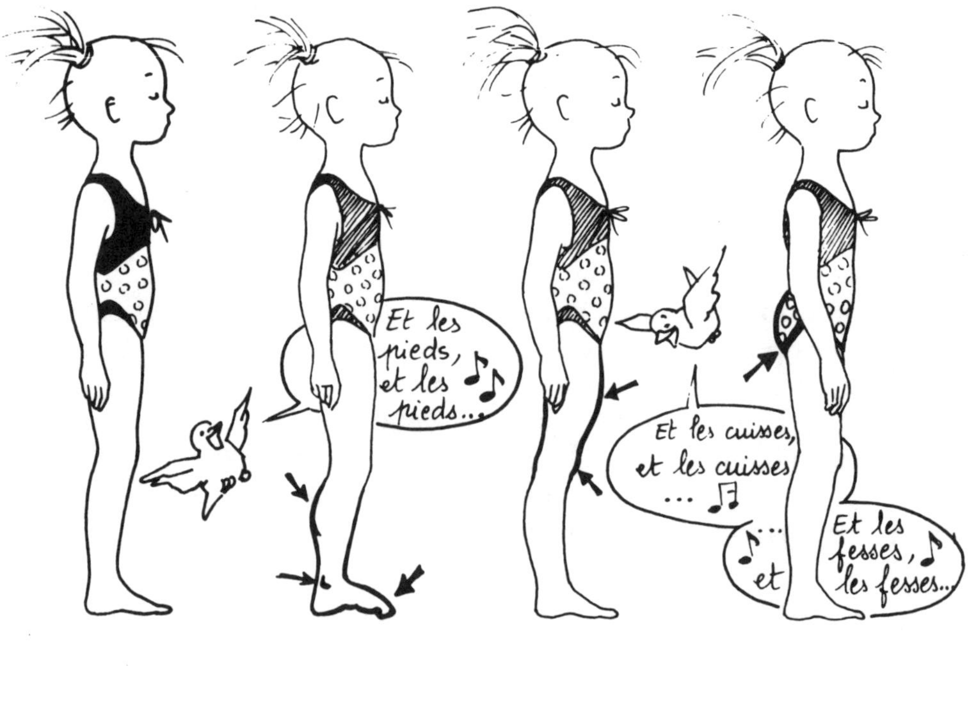

QUAND PRATIQUER CET EXERCICE?

De préférence le matin et très régulièrement. Il favorise aussi la mobilisation énergétique et la concentration.

> Être à l'aise dans ses vêtements, dans une pièce calme et sans « spectateurs curieux ». Si des membres de la famille ou des amis pratiquent l'exercice ensemble... c'est encore mieux. Mais il ne faut pas de « voyeurs » : tout le monde *doit le faire.*

COMMENT LE PRATIQUER?

Debout : si l'enfant connaît déjà la relaxation, il la réalise selon son propre schéma et à son rythme. Sinon, l'éducateur l'aide en se détendant lui-même et en « verbalisant » son vécu : « Une

fois bien relâché, bien détendu, tu vas prendre conscience de ton corps en l'activant progressivement. »
Commence par contracter les orteils en les mettant comme des griffes. Ta voûte plantaire « fait comme un petit pont ». Contracte aussi les chevilles et les mollets. Tout le reste du corps est, pour l'instant, parfaitement relâché. Maintenant, contracte les cuisses en mettant les genoux en arrière et relâche ce que tu avais contracté auparavant, c'est-à-dire les pieds (tu « redescends » la plante des pieds au sol), les chevilles et les mollets. Seules les cuisses sont maintenant contractées et tout le reste du corps est relâché. Puis contracte le bassin en serrant fort les fesses et essaye de relâcher les cuisses (ce n'est pas très facile). Maintenant contracte les mains en serrant les poings, les avant-bras (en relevant un peu les poings) et les bras; relâche bien le bassin en laissant aller les fesses : seuls les membres supérieurs sont tendus et tout le reste du corps est parfaitement relâché. Respire librement et calmement. Profites-en pour te détendre mentalement et apprendre, ainsi, l'art difficile de la détente mentale au sein même de la tension physique. Puis va coller les bras au corps en contractant ainsi les « pectoraux » et le dos, tout en relâchant les mains et les avant-bras. Enfin, contracte tout le visage en plissant le front, en serrant les mâchoires et en fermant fortement les yeux, tout en décontractant le buste... Relâche tout, maintenant, et assieds-toi.

Assis : récupère bien. Relâche tout le corps et détends-toi mentalement, comme si tu voulais t'endormir... sans t'endormir.
Écoute ton corps, savoure toute l'énergie vitale qui l'habite. Prends bien conscience de ta force et de toutes les sensations agréables qui te parviennent.
Profite aussi de cette détente et de cette concentration pour te repérer par rapport au passé et pour dynamiser ton avenir. Pour cela souviens-toi d'une scène très agréable que tu as

L'été dernier à Pornic...
... Maintenant ...
Noël prochain chez Mamie

vécue, par exemple une journée à la plage ou à la montagne ou encore à la campagne, lors de tes dernières vacances. Essaie de te revoir tel que tu étais, parfaitement bien, savourant toutes les sensations que tu aimes : la chaleur ou la fraîcheur, le vent, l'eau, les parfums, les bruits, etc. (Pause.)
Reviens maintenant au présent et savoure aussi ton corps tel qu'il est, là, maintenant. Peut-être même que les sensations que tu viens de vivre au passé ont laissé des traces au présent? comme si tu sentais encore? (Pause.)
Imagine maintenant tes vacances prochaines et essaye de te voir tel que tu as envie d'être à ce moment-là : en pleine forme physique et mentale. Essaie de te voir en train de jouer, de courir, de sauter, etc., en sentant, comme tout à l'heure dans le passé, toutes les sensations agréables que tu as envie de vivre. (Pause.)

Reviens maintenant au présent. Apprécie tous les changements positifs en toi : ton corps reposé et dynamisé, ton mental détendu, calme, ton énergie vitale activée.

Tu vas reprendre, tranquillement et sans hâte, tout le tonus nécessaire à l'activité, en remuant doucement les pieds, les mains. Étire-toi comme si tu venais de passer une excellente nuit et, enfin, ouvre les yeux. Tu vas bien?

COMBIEN DE TEMPS DURE CET EXERCICE?

Laissons l'enfant s'autonomiser petit à petit en choisissant lui-même la durée de cet exercice, tout en tenant compte, évidemment, du temps dont il dispose pour ce rendez-vous avec lui-même. En général, cet exercice ne devrait pas durer plus de quinze minutes. Il est aussi conseillé à l'enfant de tenir une sorte de journal sur lequel il pourra consigner ses impressions, ses sentiments, ses sensations, etc., en décrivant *d'abord* les sensations *agréables.* S'il veut le faire, ce « journal » lui servira de point de repère, plus tard.

« Je suis bien dans ma peau et au monde »

BUT DE L'EXERCICE

Il s'agit de prendre conscience de la présence du corps grâce aux perceptions sensorielles et grâce à cette faculté d'« auto-visualisation » dans l'espace que nous avons déjà exercée. Cette possibilité de se « contempler » va permettre à l'enfant de développer ses aptitudes à l'auto-évaluation, au jugement, à l'appréciation globale de lui-même et de son environnement. Il va donc pouvoir commencer à développer son autonomie. Il va pouvoir s'individualiser, c'est-à-dire ne plus avoir systématiquement besoin des autres pour **être.**

QUAND LE PRATIQUER?

Toujours après quelques séances d'entraînement aux exercices sur le senti corporel au présent. Il ne faut jamais pratiquer cet exercice d'emblée : l'« extériorisation » ne peut être pratiquée qu'après avoir assimilé l'« intériorisation ». C'est-à-dire l'exercice précédent : *Je suis bien dans ma peau.*

COMMENT LE PRATIQUER?

Cet exercice peut être pratiqué seul ou en groupe. Savoir se concentrer est sans doute nécessaire pour le réaliser... et pour le réussir.

Nous allons débuter par la position debout afin de réaliser,

comme tu sais le faire, une relaxation physique, de la tête aux pieds, et une détente mentale, pour atteindre ce niveau entre veille et sommeil. Tu fais cela à ton rythme, sans te presser, et en notant toutes les sensations corporelles qui te viennent lorsque tu relâches la tête (le cuir chevelu, le front, les yeux, les joues, les mâchoires, la bouche, la langue), les épaules, les bras, le dos, la poitrine, le ventre, le bassin, les jambes, les pieds.
Ta respiration se libère de toute contrainte et tu peux même sentir la circulation de ton sang jusqu'aux bouts des doigts et des orteils.
Détends-toi bien mentalement, toujours comme si « tu voulais dormir »...
Tu sens ton corps « du dedans », comme tu en as maintenant l'habitude et, tu le savoures. Mets les mains au-dessus de la tête et étire-toi vers le haut, comme si tu voulais toucher le plafond. Abaisse les mains tout doucement en soufflant. Tu recommences deux autres fois, en inspirant quand tu lèves les bras et en expirant quand tu abaisses les bras, lentement...

Repose-toi quelques instants, toujours debout, en « écoutant » toutes les sensations qui te parviennent. Ajoute, à cette « écoute » du corps, la vision, grâce à ton imagination, d'un arbre, d'une fleur, d'un lac ou de toute autre chose naturelle qui te plaise. Tu es donc capable d'une double concentration : tu te sens et tu « vois » cet objet naturel.

Maintenant laisse de côté cette fleur, ou cet arbre ou toute autre chose, pour remplacer l'image par la vision de toi-même, tel que tu es, là, debout. Essaye, d'abord, de « voir », les yeux fermés évidemment, la pièce dans laquelle tu te trouves, sa dimension, l'emplacement des fenêtres, des portes, des meubles. Ensuite essaye de voir ton propre emplacement. A quelle distance te trouves-tu des murs? des meubles?

Tu peux te voir de face mais aussi de profil, de dos. C'est curieux de se voir de dos, n'est-ce pas? Tu peux te voir de près, de loin, comme tu le désires. Comment es-tu habillé? Comment es-tu coiffé? A quelle hauteur sont tes mains? Comment sont tes pieds au sol?

Tu vas maintenant t'asseoir mais, auparavant, essaie de « voir » le siège. Est-il bien placé derrière toi? Essaie de prévoir, très exactement, les gestes que tu vas faire pour t'asseoir. Que vas-tu faire avec tes mains? Où vas-tu te plier? Essaie de prévoir le déplacement de ton corps dans l'espace.
Maintenant assieds-toi, comme tu l'as prévu, tout en conti-

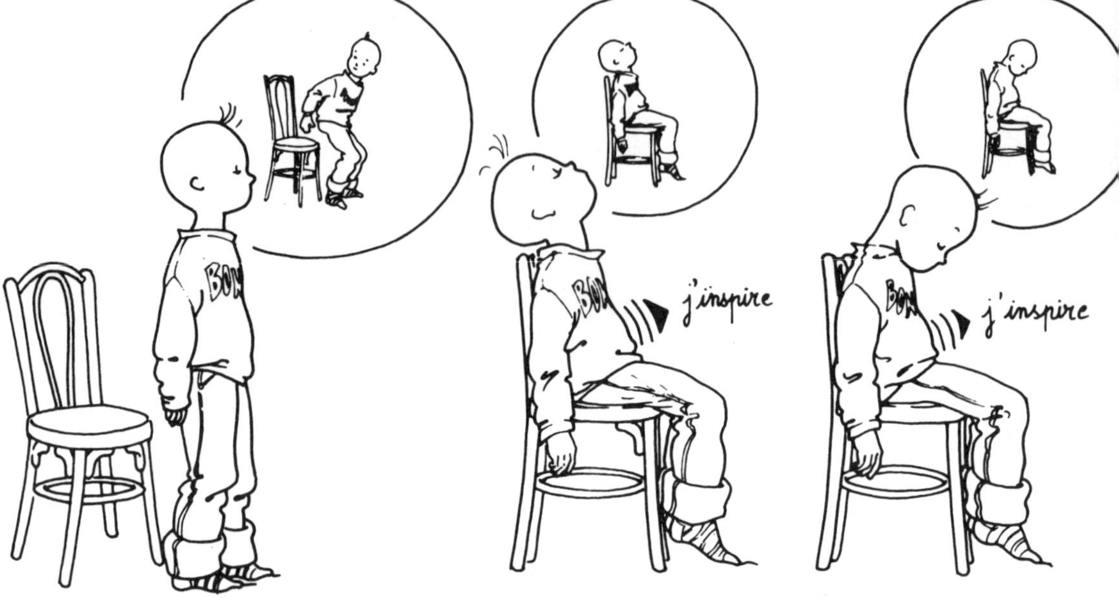

nuant à te regarder. Est-ce que tu t'es assis exactement comme tu le prévoyais? Si tout n'est pas parfait, essaie de t'en souvenir pour la prochaine fois afin que, petit à petit, tu contrôles parfaitement tous tes gestes. Si tu fais du sport, cela te sera précieux.
Tu es assis, tu te vois assis, tout en continuant de te sentir du dedans : « je me perçois et je me vois ».
Prends une grande respiration et penche la tête, tout doucement en arrière, en continuant de te voir, ainsi, le visage vers le plafond. Souffle maintenant l'air en ramenant la tête à sa position de départ. Tu te sens du dedans et tu te vois du dehors. Recommence encore deux fois.
Fais le même exercice mais, cette fois-ci, en baissant la tête en avant à chaque inspiration. Lorsque tu souffles l'air, ramène, comme tout à l'heure, la tête à sa position de départ, toujours en essayant, à la fois, de te sentir et de te voir. Fais cet exercice également trois fois.

Maintenant, repose-toi, détends-toi et savoure toutes les bonnes sensations qui te viennent. Tu laisses de côté ta faculté de te voir pour te consacrer à celle de te percevoir. Peut-être peux-tu sentir cette agréable sensation de cerveau bien irrigué... Tu vas pouvoir, chaque fois, mieux te concentrer, mieux travailler. C'est un excellent exercice pour le jour où tu seras fatigué de trop lire ou de trop écrire, ne l'oublie surtout pas...

Avant de reprendre tout le tonus musculaire dont tu as besoin pour l'action, tu peux faire un exercice que tu connais, que tu as déjà pratiqué, comme, par exemple, prononcer tout bas, chaque fois que tu souffles l'air, le nom d'une qualité que tu as envie d'avoir ou de renforcer... si tu ne la trouves pas encore

Cette double prise de conscience du corps, par les sensations d'une part et par sa présence, ici et maintenant, dans l'espace, d'autre part, fait partie de notre pratique quotidienne de médecin. En effet, s'il est dit que « le silence du corps rassure » c'est parce qu'il n'est, malheureusement, connu qu'à travers la douleur : « J'ai mal au ventre, j'ai mal à la tête... j'ai mal partout. » Cependant lorsqu'il est apprécié à travers les sensations agréables de chaleur, de respiration libre, de vie, etc., le malade se réconcilie avec son corps et peut ainsi prendre conscience de sa participation « affirmative » au monde en tant qu'entité autonome et pourra se défaire, peu à peu, de sa propension à ne faire référence qu'aux autres, à la mode, aux « comment me trouves-tu? » et au qu'« en dira-t-on?, » etc.
Là réside le commencement de son émancipation, de son individuation, pierre angulaire de sa guérison.

assez forte... Ou bien encore préparer ton sommeil, ou bien encore préparer un examen de manière positive... ou tout ce que tu voudras. Puis tu vas reprendre tout ton tonus en bougeant les pieds, les mains, en t'étirant et en ouvrant les yeux. Tu vas bien?

COMBIEN DE TEMPS?

Cela dépend de plus en plus de l'enfant lui-même. Ce que l'on constate, en général, c'est que l'enfant est particulièrement « doué d'imagination » et qu'il acquiert très rapidement cette faculté d'autovisualisation. Le temps de l'exercice sera donc progressivement raccourci, au fur et à mesure de sa pratique.

« Je maîtrise mes émotions par la joie »

BUT DE L'EXERCICE

Cet exercice a pour but de permettre à l'enfant de prendre conscience de sa fonction **sentiment,** et cela de manière positive.

Nous l'avons déjà dit, un enfant, à cet âge, est un « sentimental », c'est-à-dire qu'il ressent tout de manière très forte, tant le positif que le négatif. Afin de pouvoir apprendre à contrôler, maîtriser ses sentiments, encore faut-il qu'il sache « avec quoi il ressent... »

QUAND LE PRATIQUER?

Il s'agit d'un exercice à pratiquer systématiquement car très peu d'individus savent ce qu'est l'émotion (sauf les adultes « savants », qui connaissent le concept mais ne connaissent pas le vécu...). Le moment n'a pas d'importance mais comme il va s'agir d'une activation positive, cet exercice est particulièrement conseillé lorsque l'enfant est triste ou n'a pas « bon moral ».

CONSEILS

Il va s'agir d'un exercice surtout statique mais il serait, cependant, souhaitable que l'enfant se mette en état de concentration et de disponibilité en pratiquant, non seulement la relaxa-

tion physique et la détente mentale, comme toujours, mais aussi l'un ou l'autre des exercices dynamiques déjà décrits, en lui laissant le choix dans le but, toujours, de lui apprendre la responsabilité et l'autonomie.

COMMENT LE PRATIQUER?

La relaxation se fera debout, accompagnée de la détente mentale. L'enfant pourra, s'il le désire, réaliser l'un ou l'autre des exercices dynamiques déjà décrits, de même que l'autovisualisation qu'il pourra, chaque fois, améliorer.

Tu t'assieds tranquillement (comme tu l'avais prévu?), tu

approfondis ta détente mentale, au bord même du sommeil, et tu vas essayer de te souvenir d'un événement qui t'a apporté une grande joie : une fête de famille, un cadeau que l'on t'a offert, un ami que tu as retrouvé, une soirée autour d'un feu de camp ou toute autre chose qui te paraît être très agréable. Une fois que tu as retrouvé « ta » scène agréable, tu vas la préciser, c'est-à-dire la détailler, la revivre comme si tu y étais. Retrouve, surtout, la joie, les émotions « positives » que tu y as vécues. (Pause.)
Reviens au présent, en laissant de côté cette scène que tu pourras retrouver, quand tu voudras. Au présent, essaie de noter toutes les modifications apportées par ce souvenir que tu viens d'activer : quelles sont les traces, dans ton corps, que la joie a laissées? Qu'est-ce que tu « ressens »? Où, dans ton corps, se trouve la joie? « Avec quoi » es-tu heureux? Savoure ta joie. (Pause.)

Une fois que tu sais « où » tu as bon, tu vas, maintenant, imaginer une scène identique, mais qui pourra se dérouler dans un futur plus ou moins proche, les prochaines vacances, par exemple. Tu essaies de voir le cadre, tel que tu as envie qu'il soit, l'ambiance, avec les amis que tu préfères, ta famille, etc. Tu te vois, toi aussi, en pleine forme, physique et mentale, en train de savourer, là aussi, la joie. Ressens ta joie, savoure-la, vis-la. Apprécie « où tu as bon ».
Reste quelques instants dans ce futur très agréable, puis, de nouveau reviens au présent, pour savourer, aussi, le présent.

Quelles sont les sensations agréables qui te restent encore, là, maintenant? Apprécie bien toutes les modifications positives dans ton corps et dans ton « cœur ». Vois comme tu es bien, là, maintenant. Il faut que tu saches que cette joie et ce bien-être tu pourras les retrouver, autant de fois que tu le voudras, n'importe où et n'importe quand. Tu as en toi cette faculté incroyable de décider d'être bien ou non. Il te suffit d'activer ce que tu as envie de vivre, grâce au souvenir et grâce au futur, sur lequel tu peux agir. Ressens bien ton corps et apprécie tout le « bon » qui s'y trouve. « Armé » de tout ce positif, tu vas maintenant te préparer à retrouver tout le tonus nécessaire à l'activité, en bougeant les pieds, les mains et en t'étirant, avec plaisir, comme le matin au réveil.

Ouvre tes yeux et vois comme le monde peut être beau.

COMBIEN DE TEMPS?

Un quart d'heure environ. Cet exercice étant pratiqué pendant une quizaine de jours afin que l'enfant apprenne à connaître et maîtriser sa fonction émotionnelle, mais aussi autant de fois que nécessaire si le besoin s'en fait sentir.

« Je corrige ce qui est négatif par ce qui est positif »

MON IMAGE FÉTICHE

BUT DE L'EXERCICE

Cet exercice a pour but d'apprendre à l'enfant à corriger ses éventuelles images ou idées négatives par une image positive, et cela très facilement grâce à son imagination. Par exemple une dispute avec un copain, l'annonce d'une mauvaise note à l'école ou quoi que ce soit d'autre qui l'attriste. Ce remplacement du négatif par le positif n'est qu'une compensation salutaire, mais, en aucun cas, un refuge de l'utopie.

QUAND LE PRATIQUER?

A titre d'entraînement, dès que possible, afin de bien assimiler la technique grâce à laquelle, ensuite, l'enfant pourra, si le besoin se présente, « corriger » ses pensées « tristes ».

CONSEILS

Il s'agit ici d'une « habituation » à cette autocorrection. Cette technique se présente donc tout d'abord comme un jeu qui, par la suite, pourra être très utile. Il faudra la répéter cinq à six fois avant de pouvoir déclencher le réflexe positif.

COMMENT LE PRATIQUER?

Soit sans exercice préliminaire, soit après la relaxation dynamique. En tout cas après une relaxation physique et une détente mentale.

Tu vas profiter de cette détente et de cette disponibilité obtenues par la relaxation pour activer ton imagination : laisse venir l'image de l'endroit que tu préfères, une pièce de ta maison, un coin du jardin, de la campagne où tu passes tes vacances ou quoi que ce soit d'autre où tu te sens bien. L'image de ton « petit paradis » à toi. Savoure-la bien, imagine-la, vois-la avec tout le plaisir que tu peux éprouver. Maintenant prends l'image de quelque chose qui ne te plaît pas, soit un endroit, soit une scène banale de tous les jours qui te chagrine. Ça y est? Tu ressens comme c'est désagréable? Alors reprends vite ta première image, celle qui te fait plaisir et réjouis-toi avec elle. Ressens, de nouveau, tout le plaisir d'être bien, joyeux, souriant.

Recommence ainsi, deux ou trois fois, en « corrigeant » la scène pénible par ton image fétiche.

Termine toujours ton entraînement par l'image agréable, en ressentant le plaisir que tu éprouves en la « visualisant ».

Laisse de côté cette image et, après avoir bien senti ton corps reposé et ton plaisir dans la détente, tu t'étires comme tu sais maintenant le faire, avant d'ouvrir les yeux.

Comment vas-tu? Tu pourras, ainsi, chaque fois que tu en auras besoin, reprendre ton image fétiche pour « corriger » ce qui te déplaît.

COMBIEN DE TEMPS?
C'est une méthode qui peut être pratiquée en dix minutes à peine, mais l'enfant peut aussi s'exercer en fin d'entraînement des exercices dynamiques d'une durée plus longue.

Cette technique d'autocorrection, une fois bien assimilée, se révèle être d'une grande efficacité « autothérapeutique ».
Dans les petites phobies de l'enfant, ses « superstitions », ses « terreurs nocturnes », il pourra déclencher lui-même son réflexe « d'image fétiche » qui le rassurera vite.

A la longue, les images « négatives » ne surviendront même plus puisque l'enfant aura cette « arme » à sa disposition.

« J'envisage positivement l'avenir »

QUI SERAI-JE?

BUT DE L'EXERCICE
L'objectif de cet exercice est d'envisager l'avenir avec dynamisme.
Nous avons déjà parlé de la motivation qui est, en fait, la canalisation, l'orientation de l'énergie vitale en vue d'atteindre un objectif. Le « futur objectif » est le moteur qui va permettre à l'enfant de s'impliquer totalement dans sa démarche existentielle.

QUAND LE PRATIQUER?
Après avoir bien pratiqué les techniques permettant d'assimiler le présent, c'est-à-dire après *« Je suis bien dans ma peau, au présent, au monde. »*

CONSEILS
Cette technique pourra devenir « la méthode quotidienne » de l'enfant et pourra achever son entraînement à la Relaxation dynamique. Chaque « objectif » futur devra être répété quatre ou cinq fois pour être parfaitement « ciblé », avec précision, dans l'espace et dans le temps.

COMMENT LE PRATIQUER?
Il est souhaitable, avec cet exercice, que tu commences toujours par une Relaxation dynamique. Tu débutes donc par une relaxation debout en relâchant bien tout le corps, depuis

le cuir chevelu jusqu'aux pieds, en ne gardant que les seules tensions nécessaires. Tu respires librement, ton corps est agréablement chaud et tu te laisses aller dans ce calme intérieur que tu connais bien, comme si tu voulais t'endormir.

Maintenant, mets une main sur ton ventre et le dos de l'autre main dans ton dos, au creux des reins. Vois comment tu respires : lorsque tu inspires, c'est-à-dire quand l'air entre par tes narines et remplit tes poumons, ton ventre se gonfle et lorsque tu expires, c'est-à-dire quand tu souffles l'air, ton ventre se vide. Tes mains suivent ce mouvement : elles s'écartent quand ton ventre se gonfle à l'inspiration et elles se rapprochent à l'expiration, quand ton ventre se vide.
Suis ta respiration, lente et ample, une dizaine de fois, puis laisse redescendre tes mains le long de ton corps, et apprécie bien tout ce qui se passe, toutes tes sensations. Apprécie sur-

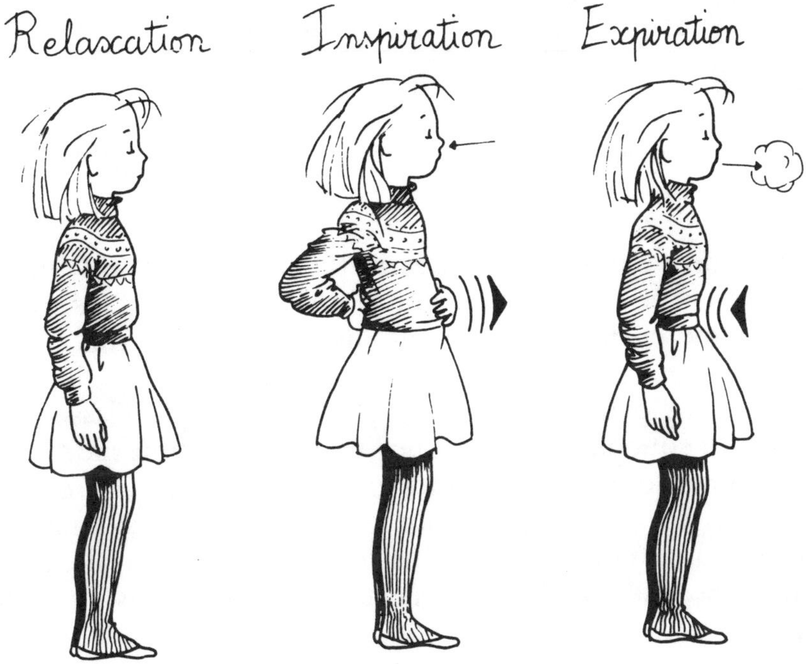

tout l'énergie vitale qui est en toi, la force qui t'habite. Sens ton corps, bien vivant et chaud.

Assieds-toi, récupère quelques instants en relâchant un peu plus ton corps et en savourant la récupération. Puis profite de ce calme et de cette disponibilité pour mettre ton énergie en route, pour lancer ton moteur, ta motivation.
Qu'as-tu envie de réussir? ton passage dans la classe supérieure? un concours de musique? une compétition sportive?
Commence donc par imaginer que tu l'as réussi, que tu es, l'an prochain, dans la classe supérieure ou que tu as réussi ton concours ou ta compétition. Fais comme si tu t'y voyais. Essaye de bien préciser les lieux et la date où tu te vois après ton succès.

Lors de tes prochains exercices, imagine ce futur positif, une fois l'obstacle dépassé, comme si tu avais déjà réussi.
Au bout de cinq à six fois, tu pourras alors imaginer l'examen, le concours ou la compétition.
Tu peux aussi, dès que tu seras familiarisé avec la méthode, envisager des choses plus lointaines dans le futur : après ton baccalauréat, ta réussite sportive ou musicale (ou autre). Mais envisage toujours la réussite accomplie, « comme si » c'était déjà fait...
Comme toujours, après l'exercice, n'oublie pas de bien récupérer ton tonus musculaire et ta vigilance avant d'ouvrir les yeux.

COMBIEN DE TEMPS?

Maintenant l'enfant est suffisamment émancipé pour décider lui-même du temps qu'il doit consacrer à ce rendez-vous avec lui-même.
Il peut pratiquer seul, l'éducateur « contrôlant » de temps en temps si tout va bien et s'il constate des progrès.

L'action positive sur le futur a été maintes fois démontrée en pratique. L'explication la plus plausible réside dans le conditionnement.
En effet, le conditionnement négatif fonctionne très bien (« ce n'est pas la peine que j'aille me coucher car je sais que je ne vais pas dormir »), hélas! Mais, heureusement, le conditionnement positif marche aussi très bien.
Cette technique a donc pour effet le remplacement du conditionnement négatif par le conditionnement positif, et ce de manière tout à fait autonome.
Certains vont même jusqu'à affirmer que nous pourrions avoir une action sur le paramètre du futur lui-même... Peut-être, mais là, nous ne pouvons, éventuellement, que constater, sans pouvoir expliquer!...

« Je n'ai plus peur du dentiste! »

BUT DE L'EXERCICE
Basé sur l'activation positive du futur, cet exercice a pour but la dédramatisation de certains événements à venir, comme la consultation chez le dentiste... mais aussi chez le médecin, le conseiller pédagogique, le psychologue, et autres « épouvantails » pour l'enfant. Comme dans la technique précédente, il s'agira de **dépasser** l'événement « traumatisant » pour s'imaginer **après** avoir « réussi » la rencontre ou la situation.

QUAND LE PRATIQUER?
A la demande. L'entraînement à la méthode précédente a permis à l'enfant de développer ses capacités de futurisation positive. Il va pouvoir maintenant les appliquer, en cas de besoin, quatre ou cinq fois avant l'« obstacle » à franchir.

CONSEILS
Il vaut mieux pratiquer un ou deux exercices de Relaxation dynamique avant de réaliser cette technique mais si le temps dont dispose l'enfant est trop court, il peut s'exercer en position assise, après une simple relaxation statique.

COMMENT LE PRATIQUER?
Une fois les exercices de Relaxation dynamique, que tu connais et que tu as choisis, réalisés, tu t'assieds confortablement et tu approfondis ta détente.

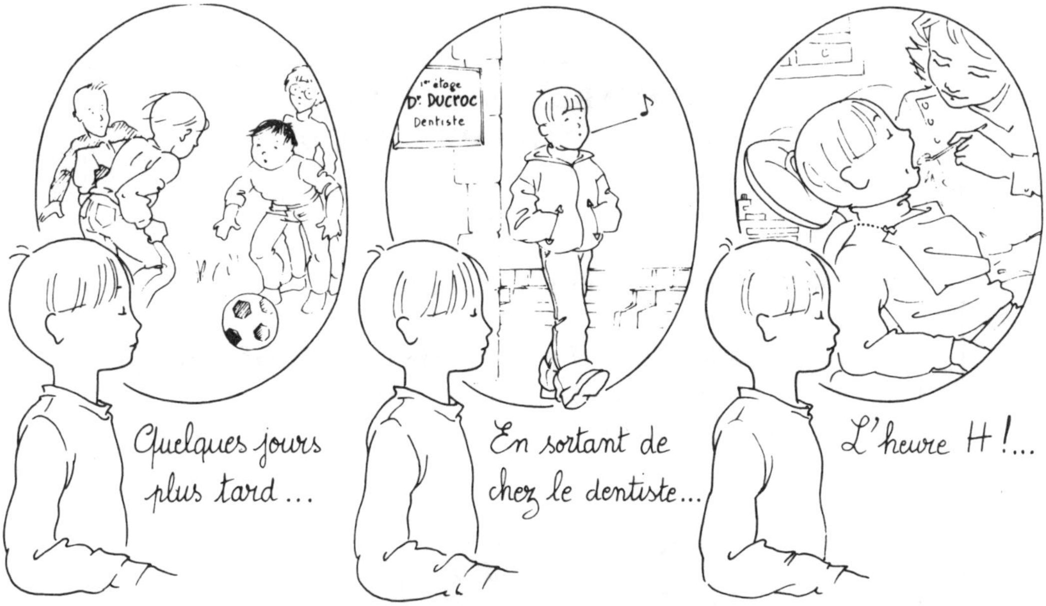

Si c'est la première consultation chez le dentiste qui te fais peur, imagine-toi, lors de ton premier entraînement avec cette méthode, quatre ou cinq jours plus tard, physiquement et moralement bien, tout s'étant bien passé, en train de jouer, en train de te promener, etc. La deuxième fois, tu rapprocheras un peu cet après, en t'imaginant le lendemain de la consultation, toujours parfaitement bien. La troisième fois, tu t'imagineras en train de sortir de chez le dentiste, content que tout se soit bien passé. Enfin, la quatrième fois, tu te verras chez le dentiste, sans peur, sans crainte puisque tu sais maintenant que tout s'est bien passé.

N'oublie pas, après chaque séance, de savourer, au présent, les effets de cette « affirmation » de tes capacités positives. Conforte-toi, peu à peu, dans cette confiance en toi.

COMBIEN DE TEMPS?

Dix minutes sont suffisantes si l'enfant ne pratique pas d'exercices dynamiques. L'essentiel n'est pas dans la durée de la technique mais bien dans sa répétition.

D'AUTRES EXERCICES DE RELAXATION DYNAMIQUE

L'enfant pourra les choisir, à son gré :

Exercice de la tête : tourner doucement la tête de gauche à droite, puis d'avant en arrière, suivi d'une pause de récupération et de prise de conscience des sensations ainsi activées.

Exercice de rotation de tout le corps : lentement, tourner tout le corps, à droite, à gauche, les pieds bien ancrés au sol.

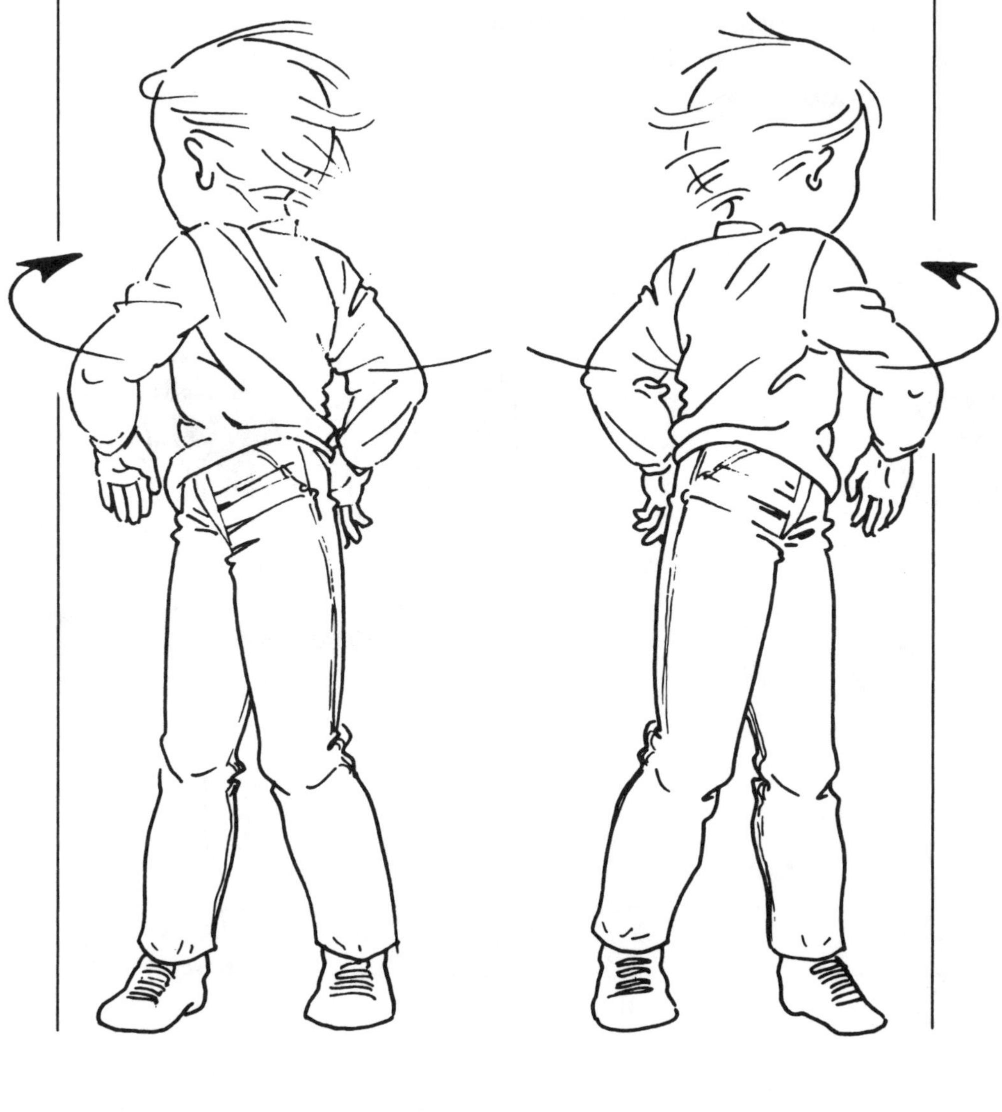

Exercice du moulinet : inspirer en levant un bras tendu, retenir l'air en fermant le poing et en faisant un moulinet autour de l'épaule, et expirer en lançant le poing en avant. Se détendre en gardant le bras et le poing contractés; relâcher tout le reste. Baisser ensuite le bras en ouvrant la main et prendre conscience des sensations amplifiées dans ce bras en comparant avec l'autre bras, non activé. Faire la même chose, ensuite, avec l'autre bras, puis avec les deux bras.

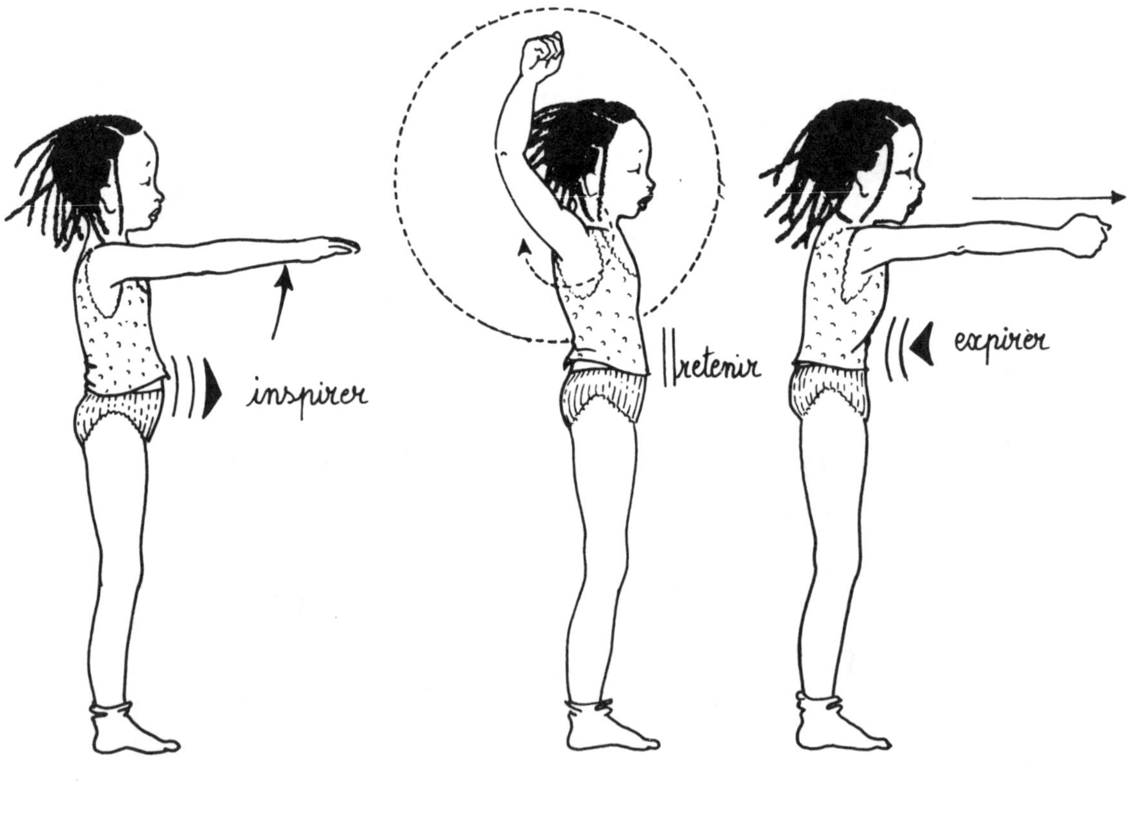

Exercice de précision spatiale : assis en se visualisant; inspirer en levant un bras dans l'espace (les yeux fermés, « je peux me sentir du dedans et me voir du dehors »), puis expirer en abaissant tout doucement le bras et en prévoyant le moment et l'endroit du retour à la position initiale. Même chose avec l'autre bras. Même chose avec les deux bras, qui reviennent, en même temps, au même endroit qu'initialement. Trois fois.

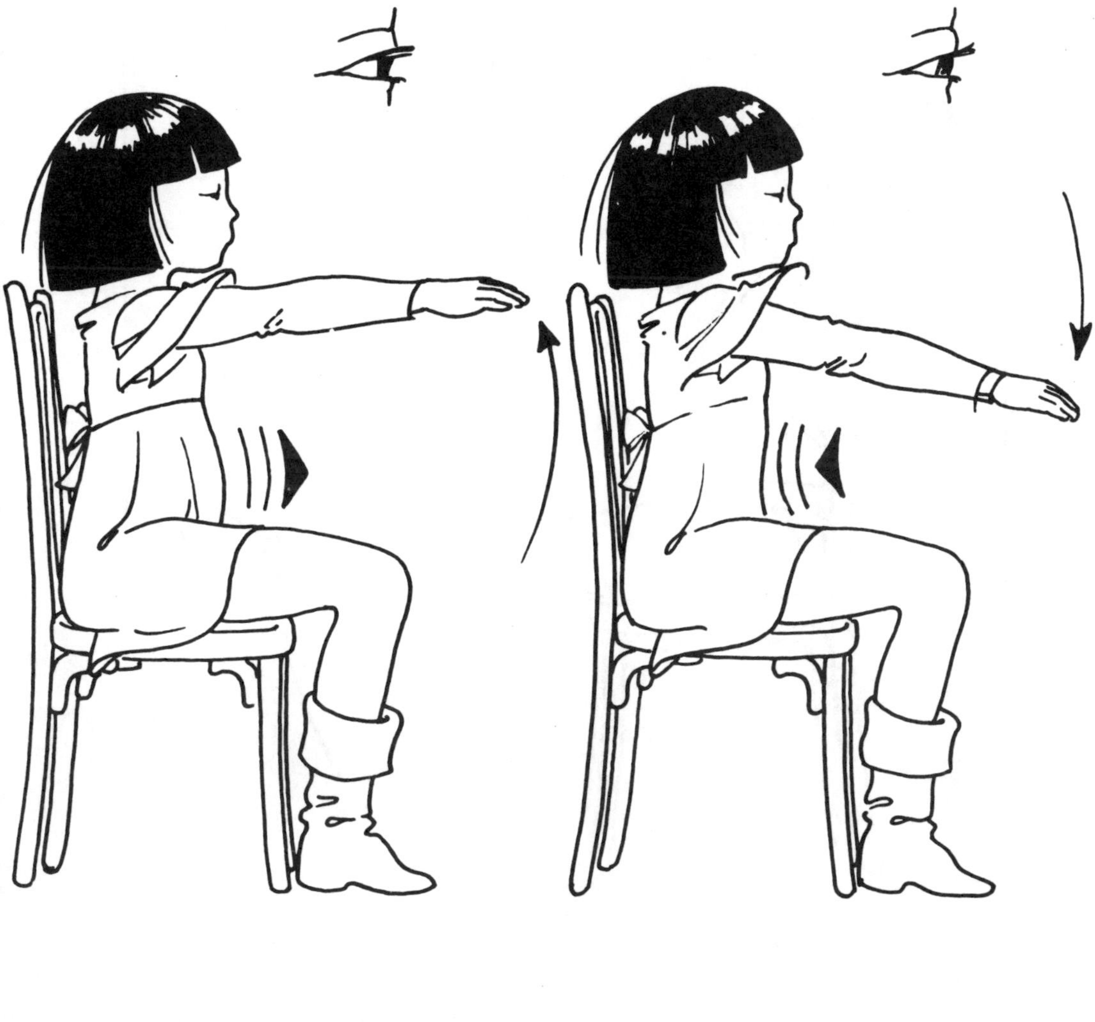

Exercice de l'arc : assis, croiser les doigts derrière la nuque et, en inspirant, tendre le buste en arrière et les jambes en avant (« je me perçois et je me vois »). Expirer en revenant à la position initiale (trois fois). Pause de récupération.

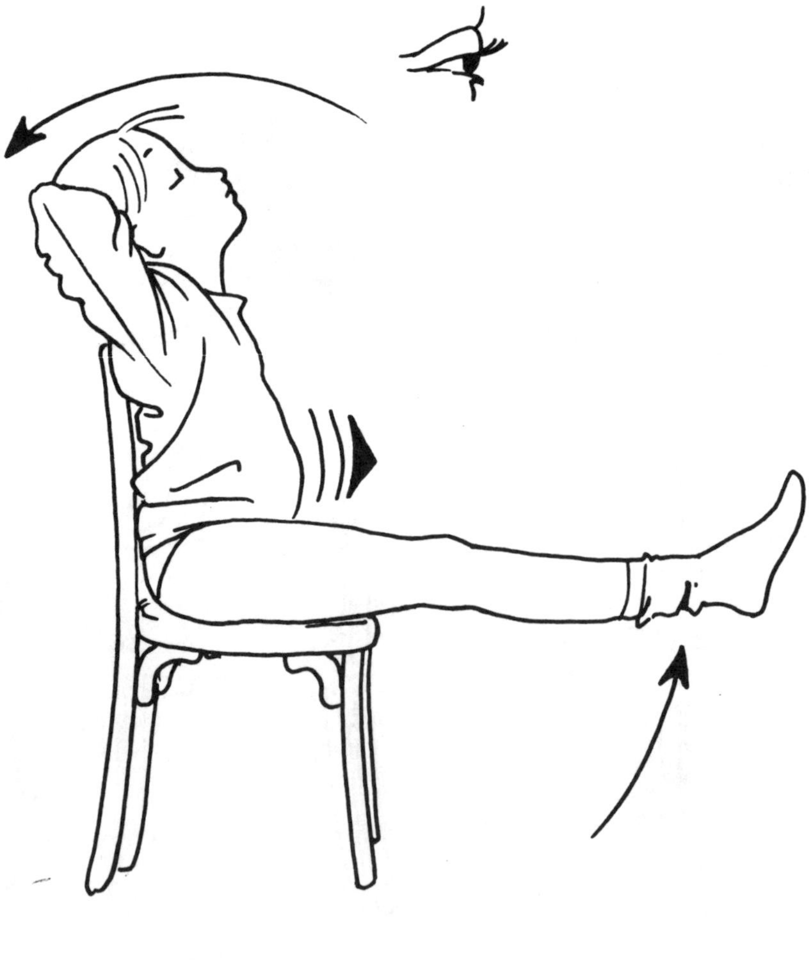

LA RELAXATION DE 9 À 11 ANS POUR QUELS BÉNÉFICES?

Pendant cette tranche de vie prépubertaire, il semble bien que l'on assiste à une accélération des processus de développement psychophysiologiques, ce qui se manifeste par une certaine inquiétude et même de l'angoisse, mais aussi par une grande curiosité. C'est pourquoi il y aura intérêt à développer cette capacité de pouvoir envisager le futur en tant que perspective positive. C'est aussi la période où l'on pourra insister sur la prise de conscience, l'autonomie et la responsabilité.

L'enfant sent confusément qu'il commence à quitter la petite enfance, la protection parentale, le nid douillet auquel il pourrait avoir tendance à s'accrocher. Il faudra donc l'aider au cours de cette étape à la préparation de la puberté inéluctable.

A la maison, l'attitude des parents devra tendre à favoriser l'émancipation afin d'éviter que l'enfant ne les « miment » en faisant « comme les grands », comportement d'ailleurs très frustrant car les « grands » le rejettent.

C'est l'âge idéal où l'enfant va pouvoir commencer à pratiquer de nombreux sports collectifs et même la compétition (tennis, football, rugby, etc.), il pourra, là, se « frotter » aux autres, vivre ses propres expériences relationnelles, construire ses propres souvenirs et exprimer ses propres « talents ». La Relaxation dynamique pourra être pratiquée, en fonction des motivations de l'enfant, dans l'apprentissage des gestes techniques de ces différents sports. Il apprendra beaucoup plus vite un revers ou un service au tennis, s'il connaît parfaitement son corps et s'il visualise sa présence dans l'espace.

La prise de conscience permanente de leur corporalité aidera les enfants à intégrer leur schéma corporel mouvant, en croissance permanente, et leur évitera la désagréable impression d'être « gauches » et maladroits. Les « fils-à-maman » timides pourront, peu à peu, s'émanciper et s'autonomiser... à condition, évidemment, que maman l'accepte... La maîtrise de l'émotion permettra aux colériques de contrôler les manifestations de leur inquiétude, surtout si la motivation d'un futur positif développe leurs capacités, leurs possibilités d'ambition.

A l'école, le maître a encore à faire à des petits « individuels », chacun d'eux pétri dans un moule familial différent. Beaucoup d'entre eux ne sont pas encore des êtres sociaux, aussi la disponibilité du professeur sera d'une très grande importance. Nous n'insisterons jamais assez sur la nécessité pour l'éducateur de prendre conscience du rôle et de l'influence qu'il a dans sa profession. Si le maître est bien dans son corps, dans ses émotions, dans son existence, les « apprenants » le seront également. La relation qu'il établira avec ses élèves est primordiale : il doit être un facilitateur, un « éveilleur » de talents et non un obstacle. L'enfant de dix ans est ouvert et transparent, riche et fragile à la fois. Le maître sera donc accueillant *« a priori »,* valorisant systématiquement les potentialités de l'enfant, chaleureux afin de permettre au besoin d'aimer et d'être aimé de l'enfant de s'exprimer et d'être satisfait à travers les dynamismes de libre choix. La relation pédagogique doit aussi être empathique, nous l'avons vu, le pédagogue se mettant à la place de l'élève pour communiquer vraiment et trouver les stimuli qui permettront à l'enfant d'éveiller sa motivation et son attention, indispensables à une formation et une transformation véritables.

Il est évident que le pédagogue peut être un remarquable thérapeute s'il sait être attentif aux moments de « déprime », d'inattention, de troubles de la mémoire, de « vague à l'âme » de l'élève, tous signes d'un mal-être qui peut n'être que passager si son potentiel positif est dynamisé et valorisé par le professeur. Mettre en avant les erreurs, les « fautes », les « manques », et non pas les « plus » est une des causes essentielles des échecs scolaires. 4/20... horreur! Ce n'est, certes, pas brillant, mais l'élève a réussi 4!... Et si on valorisait ce 4, plutôt que le 16 en négatif? L'enfant pourrait, avec ce qu'il a, briguer davantage. On ne peut rien espérer de ce que l'on n'a pas!

L'enfant de 12 à 15 ans

Nous y sommes! C'est la crise. Mais rendons-nous compte de la métamorphose qui est en train de s'opérer. Jusqu'ici, les changements se faisaient de manière continue. La taille, le poids, la maturation psychologique se développaient de façon linéaire, sans heurts importants. Il n'en est plus de même maintenant : l'enfant va muter, il va devenir adolescent, c'est-à-dire un autre.

Cette période de mutation va, évidemment, être très importante pour ce jeune homme ou cette jeune fille, car ils vont conquérir leur indépendance. Ils sont à l'orée de leur propre vie. Notre rôle, à nous parents et éducateurs, sera, également, important et difficile car nous allons devoir accepter, nous aussi, notre indépendance vis-à-vis d'eux. Peu à peu, ils ne seront plus « nos » enfants mais bien des êtres indépendants et responsables. Si, de zéro à six ans, nous avons eu à aimer nos enfants et, de six à douze, à les éduquer, à partir de douze ans nous devons nous habituer à en faire, si possible, nos amis, très chers, certes, mais sans esprit possessif.
Soyons à leur écoute car de nombreux problèmes vont surgir : sexuels, spirituels, moraux, existentiels. Ne ricanons pas devant leurs troubles mais essayons de les dédramatiser en leur tendant une main amicale et, surtout, en étant dignes de leur confiance. C'est ici que notre propre « maturité » est indispensable, faute de quoi ils n'auront pas l'appui nécessaire, la référence leur permettant d'espérer. Il faudrait qu'ils puissent être fiers de nous afin que l'avenir leur apparaisse de manière positive. Nous pouvons être les témoins de ce futur auquel ils aspirent, sinon l'angoisse existentielle qui les tenaille du fait même des bouleversements morphologiques et psychologiques qui les agitent, ne trouvera pas l'apaisement indispensable.
Prenons garde. Ne projetons pas nos propres lacunes sur ces « jeunes d'aujourd'hui ». N'oublions pas qu'ils sont les fruits de notre éducation, de notre propre existence et de la société

que nous avons, nous-mêmes, bâti... et qu'ils seront les responsables de « demain »...
Que pouvons-nous faire? Répondre à leur quête qui est de bâtir cet homme nouveau qui est en train de naître. En effet, l'enfant est en passe de mourir pour faire place à l'homme.
La métamorphose se situe à tous les niveaux. La transformation physique est évidente : les seins et les règles chez la jeune fille, la barbe, les poils et la voix chez le jeune homme. Mais, la transformation psychologique, moins visible, n'en est pas moins importante : affects, comportements, jeux, etc.
Ces modifications sont très profondes : les rêves des adolescents ne sont plus ceux des enfants, les idéaux non plus.

Comment peut-on les aider, nous les parents, les éducateurs? En étant avec eux et non contre eux. En établissant avec eux des liens d'amitié et de respect mutuels. Cette relation, en empathie, permettra à l'adolescent de s'exprimer, de se manifester car son véritable problème est là : il ne comprend pas sa propre transformation, ces pulsions curieuses, sexuelles, émotionnelles (positives et négatives), mystiques, etc.
Notre attitude doit être empreinte de tolérance, de patience, de clairvoyance, afin que ce cap de la puberté se franchisse le mieux possible et que la construction de l'être autonome, que sera bientôt l'adolescent, se fasse de manière positive.
La solution? La prise de conscience, c'est-à-dire la responsabilisation. L'adolescent ne supporte plus (ou mal) la dépendance, aussi serait-il judicieux de lui apprendre l'autonomie.
Si l'enfant s'est déjà entraîné avec les exercices des chapitres précédents, il est en bonne voie d'émancipation, sinon, il aurait intérêt à commencer par prendre conscience de sa corporalité au présent... en même temps que ses parents, que ses éducateurs. L'originalité de la troisième partie de ce guide réside dans la « mutualité » de l'entraînement. Plus que jamais, le

noyau familial doit se resserrer afin que la cohésion et l'harmonie règnent.
Si, jusqu'à présent, la hiérarchie avait sa place dans l'éducation de l'enfant, dorénavant l'« exemplarité » sera beaucoup plus adéquate pour que l'adolescent se sente intégré dans ce monde des adultes qui devient, peu à peu, le sien.

Nous vous proposons donc, maintenant, une série d'exercices que vous pourrez pratiquer, tous ensemble, une fois par jour. Vous pouvez donner à cette séance d'entraînement collectif l'importance qu'elle mérite. Essayez, chers parents et éducateurs, de vous rendre disponibles pendant ce quart d'heure quotidien (tout au plus vingt minutes) que vous allez **vous** consacrer, tout en permettant à l'adolescent de s'engager vers la maturité, à vos côtés.

PRATIQUEMENT, COMMENT PROCÉDER?
La série d'exercices que nous présentons ici comporte : un rappel de techniques permettant de vivre le corps au présent tant au niveau des sensations que des émotions, avant d'envisager le futur. Enfin, nous inaugurerons l'entraînement de la mémoire pour mieux se situer au présent, et appliquer cette méthode dans l'apprentissage car l'adolescent... et l'adulte ont, sans aucun doute, grand besoin d'une certaine discipline pour perfectionner cette capacité d'apprendre.
Nous terminerons par une approche de la créativité et de l'intuition, fonctions peu développées dans l'enseignement traditionnel et qui, pourtant, vont favoriser l'émancipation de l'adolescent dont les capacités, dans ces domaines, sont fantastiques.
Choisissez donc un moment, dans la journée, où la famille est réunie. Installez-vous dans la pièce de la maison ou de l'appartement qui semble convenir le mieux et, à tour de rôle, que l'un d'entre vous « dirige » la séance, tout en pratiquant

lui-même. Il est évident que l'adolescent aussi est concerné par cette prise en charge du groupe familial.
Cette dernière remarque peut surprendre au premier abord : comment un « gamin » de quatorze ans pourrait-il bien « diriger » ses parents? Cela se pratique pourtant dans les familles où la Relaxation dynamique est introduite depuis plusieurs années...
Quelle promotion pour l'adolescent... Quelle merveilleuse occasion pour lui d'apprendre ainsi à s'assumer et à assumer...
Cette façon de procéder n'est pas habituelle, c'est vrai, mais qu'a-t-on à perdre en essayant? On a peut-être à y gagner une plus grande confiance réciproque.
En classe, cet âge « ingrat » a beaucoup de mal à s'intégrer. Aussi l'apprentissage de l'« intégration » se fera-t-elle à travers des exercices corporels, spatiaux et émotionnels qui lui permettront de prendre conscience de son existence en tant qu'être humain parmi d'autres êtres humains.

La réconciliation avec son corps

BUT DE L'EXERCICE
Si cela n'a pas déjà été fait, cet exercice a pour but (comme son nom l'indique), la prise de conscience du corps, au présent, grâce aux sensations amplifiées par quelques mouvements.

QUAND LE PRATIQUER?
Tous les jours, en famille, pendant une quinzaine de jours avant d'aborder les autres exercices.
Chaque membre de la famille, à tour de rôle, dirigera la séance, tout en faisant lui-même les exercices.

COMMENT LE PRATIQUER?
Debout : nous nous installons en position debout et nous commençons par « échauffer » notre corps avec quelques contractions et étirements, librement. Nous essayons, déjà, de concentrer notre attention sur notre corps en détectant les zones peu « senties » et en les activant par ces dynamisations musculaires.

Une fois en équilibre dans cette posture debout, bien « assis » dans notre bassin, nous relâchons tout notre corps, de haut en bas en commençant par le cuir chevelu, le front, les tempes,

la racine du nez et le nez, les sourcils, les paupières et les globes oculaires, les joues, les mâchoires, les lèvres, l'intérieur même de la bouche, la langue. Apprécions, pendant cette décontraction toutes les sensations, tous les messages que notre corps nous a adressés.
Relâchons les épaules afin de permettre au cou et à la nuque de se décomprimer et poursuivons par la décontraction des bras, des avant-bras et des mains. Sentons ce qui se passe, tout particulièrement au niveau des mains, de la pulpe des doigts, ce qui va nous permettre d'améliorer notre concentration.
Relâchons ensuite le dos, tout le dos : les omoplates, la colonne vertébrale, le bas du dos; en même temps décontractons la poitrine, la ceinture et le ventre. Cela permet de libérer la respiration. Sentons bien l'air entrer et sortir, sans contrainte.
Relâchons maintenant le bassin, c'est-à-dire les fesses, le bas-ventre, le périnée et aussi, dans la mesure du possible, les cuisses, les genoux et, même, quelques groupes musculaires des jambes et des pieds.
Cette relaxation physique dure environ quatre minutes.

Le corps relâché et la respiration libre, détendons-nous aussi mentalement en approfondissant notre niveau de vigilance grâce à l'expiration : chaque fois que nous expirons, nous nous laissons aller plus profondément dans ce calme intérieur où nous entrons en communication intime avec nous-mêmes et, notamment, avec les sensations de notre corps que nous allons amplifier, tout doucement, en commençant par bouger les orteils, par contracter la plante des pieds et les chevilles : nous sentons bien cette activation. Reposons-nous quelques instants pour bien sentir nos pieds.

Maintenant, nous contractons les mollets, les genoux (on contracte les rotules, genoux en arrière) et les cuisses. Le reste du corps est détendu et on sent bien la tension dans les jambes. On relâche et on se détend encore plus, physiquement et

mentalement, afin de savourer cette prise de conscience de notre corps, au présent, et l'énergie qui l'habite.
Contractons les fesses, le bas-ventre puis relâchons-les pour bien sentir aussi cette zone, partie intégrante de notre corporalité.
Effectuons maintenant une tension des poings fermés, des avant-bras et des bras, le reste du corps relâché, la respiration libre en essayant de maintenir ce degré de détente mentale malgré la tension musculaire. Apprenons ainsi l'art difficile de la détente au sein même de la tension. Puis, relâchons les tensions dans les membres supérieurs afin de savourer toutes les sensations agréables de la décompression et de la libération de la circulation jusque dans les doigts.
Poursuivons l'inventaire de notre corps en contractant notre buste. Pour cela, nous collons nos bras au corps pour contrac-

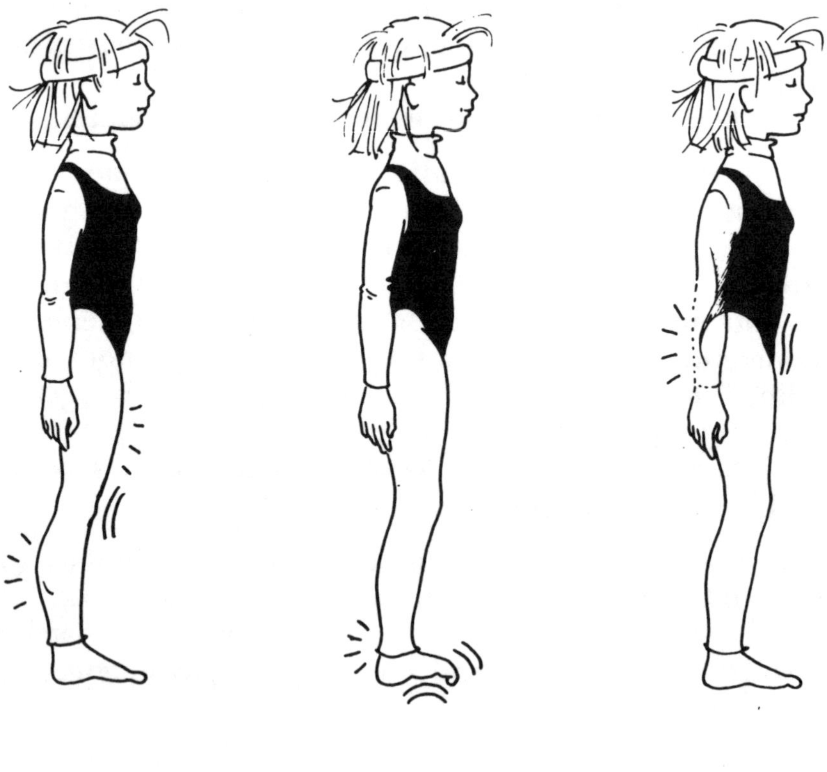

ter les pectoraux et les dorsaux puis nous relâchons afin de savourer l'énergie et la vie qui circulent en nous.
Terminons par la contraction du visage en serrant les dents et en plissant le front et les yeux. Puis relâchons le visage et asseyons-nous.

Assis : Une fois assis, laissons-nous bien aller, physiquement et mentalement, à l'agréable sensation de récupération, d'aisance circulatoire dans tout le corps et surtout dans les jambes, de libération respiratoire. Prenons bien conscience de notre corps, dynamisé et vivant, empli d'énergie et de force. Nous sommes aussi **corps** au présent. Savourons la détente, le calme, la paix qui nous habitent. Profitons de cette disponibilité sereine pour activer en nous une qualité que nous voudrions renforcer. Il suffit d'en mentionner le nom, à chaque expiration, une dizaine de fois.

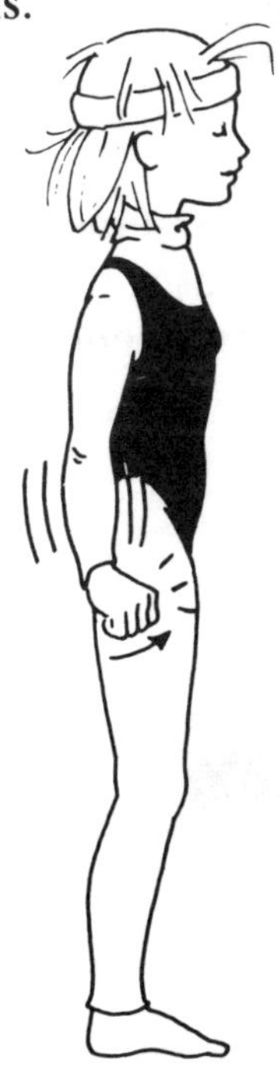

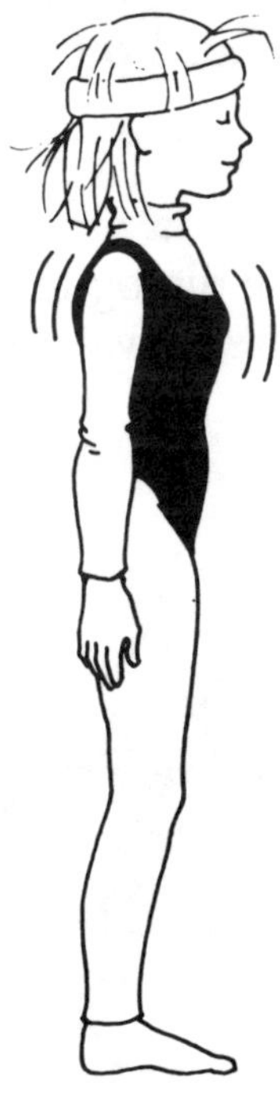

Nous allons nous apprêter à reprendre le tonus musculaire nécessaire à l'activité et le niveau de vigilance utile à l'actualité. Pour cela nous respirons, amplement, deux ou trois fois, puis nous bougeons les doigts des pieds et des mains; nous nous étirons comme si nous venions de passer une excellente nuit et ce n'est que lorsque nous serons sûrs d'être parfaitement revenus à l'actualité que nous ouvrirons les yeux.

Dialogue : « Bonjour! Comment allez-vous? Comment cela s'est-il passé? Est-ce que tout le monde est content de son vécu? »
Ici s'établit donc un dialogue familial, dirigé par le « guide » du jour. Chacun s'exprime, s'il le désire, en racontant, d'abord, le positif, c'est-à-dire le vécu agréable. Cette « règle » du positif d'abord va permettre de redonner au positif sa place naturelle et de relativiser le négatif et non le contraire!
Si le dialogue « verbal » n'est pas possible, établir un dialogue « muet » avec son carnet de bord ou son journal intime.

COMBIEN DE TEMPS?
Un quart d'heure environ pour la pratique elle-même et peut-être un quart d'heure pour le dialogue... ou plus si nécessaire. Le dialogue prenant ici toute sa valeur relationnelle dans le groupe familial ou scolaire!

L'affirmation de soi

BUT DE L'EXERCICE
Après avoir pris conscience de la « corporalité » « du dedans », nous allons prendre conscience de la présence du corps dans l'espace, développant ainsi l'appréciation globale, le sentiment que nous pouvons avoir de nous-mêmes, présents au monde, avec les autres. Cette prise de conscience renforce l'autonomie car nous n'avons plus systématiquement besoin des autres pour exister.

QUAND LE PRATIQUER?
Une fois accompli l'entraînement d'une quinzaine de jours avec l'exercice précédent, on pourra **ajouter** cet exercice de visualisation.

COMMENT LE PRATIQUER?
Comme pour le précédent exercice, il est recommandé de faire participer les différents membres de la famille (ou de la classe) à la conduite de l'entraînement, adolescents compris, évidemment.

Debout : On commence par la relaxation physique et la détente mentale décrites lors de l'exercice précédent et l'on pourra aussi exécuter la contraction du corps, de bas en haut, comme précédemment.

Maintenant, nous allons ajouter à cette faculté que nous avons de nous percevoir, de sentir notre corps du dedans, celle de nous voir du dehors.

Imaginons que notre conscience entre dans la pièce où nous nous trouvons, contemple d'abord le cadre, la pièce elle-même, les meubles, puis le groupe que nous formons, chacun à notre place et, plus précisément, essayons de nous voir, nous-mêmes, tels que nous sommes, ici et maintenant, debout, occupant notre espace vital, avec les autres. Nous pouvons évaluer la

distance qui nous sépare des murs, des meubles et des autres. Nous pouvons nous voir de face, de profil, de dos, d'en haut, d'en bas, de loin, de près. Notre conscience est illimitée, notre corps est limité dans l'espace.

Pour concrétiser cette conscience extérieure, nous allons la matérialiser avec nos mains. Ce sont elles qui vont nous regarder : les yeux toujours fermés et bien détendus, on va lever les mains au-dessus de la tête tout en inspirant. On se voit, ainsi, les bras levés, puis, en soufflant, tout doucement, on abaisse les mains qui passent progressivement devant le visage, le cou, le buste, le ventre, le bas-ventre. Pendant cette descente

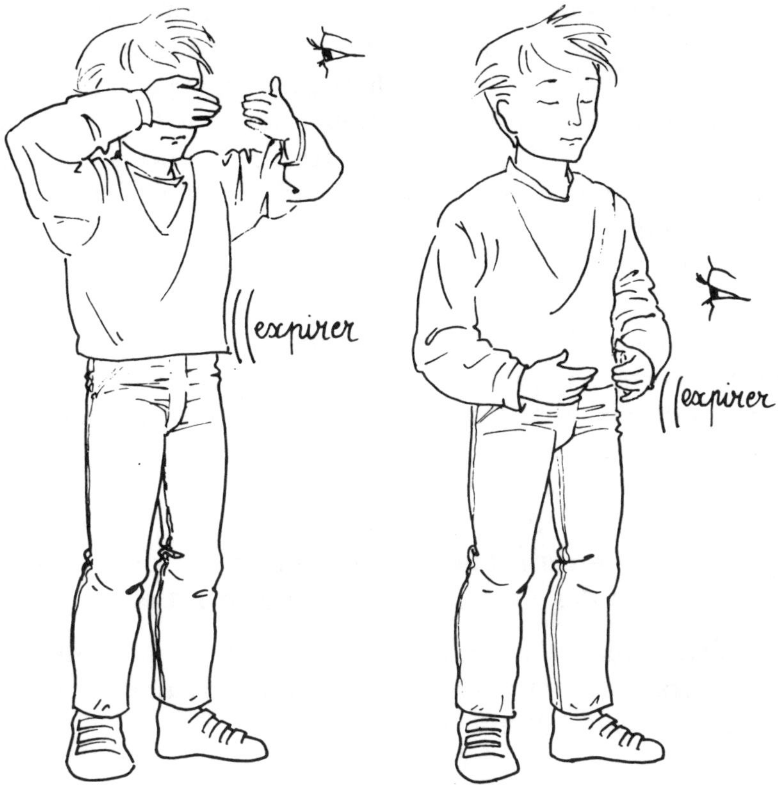

des mains, nous essayons de nous mettre à la place de nos mains qui nous regardent.
Nous faisons cet exercice trois fois, en essayant chaque fois d'améliorer notre capacité d'« autovisualisation ». Nous prenons ainsi conscience de notre présence dans l'espace, de l'occupation de cet espace, de notre participation au monde.

Nous allons nous asseoir et nous pouvons nous situer par rapport au siège qui est derrière nous, imaginer les mouvements que nous allons faire pour nous asseoir, c'est-à-dire anticiper.
Asseyons-nous.

Assis : Relâchons un peu plus notre corps pour apprécier les bienfaits de cette décompression et approfondissons notre détente mentale pour savourer le bien-être, la paix qui règnent en nous. Nous pouvons aussi nous voir, assis, participant à cette force qui est l'attraction terrestre. Prenons conscience de notre nouvelle silhouette dans l'espace, de notre volume, de notre relief.
Nous nous percevons du dedans et nous nous voyons du dehors :

Nous sommes.

Apprécions encore quelques instants cette capacité de perception et d'autovisualisation puis, laissons de côté cette dernière pour nous consacrer, de nouveau, à la prise de conscience de nos sensations corporelles agréables.
Avant de terminer, il faut toujours « rentrer » dans son corps, l'apprécier, savourer les bénéfices physiques et psychologiques que la pratique des exercices nous a permis d'obtenir.

Enfin, étirons-nous agréablement, respirons profondément deux ou trois fois, retrouvons le tonus d'activité et la vigilance d'actualité... avant d'ouvrir les yeux.

Dialogue : « Comment allez-vous? » Racontons chacun notre vécu... en commençant par le positif. Ou confions-nous à notre journal intime.

COMBIEN DE TEMPS?

Vingt minutes sont suffisantes pour vivre les sensations grâce au premier exercice de tension et l'autovisualisation grâce au deuxième exercice.

A noter que d'autres exercices peuvent remplacer la tension progressive de tout le corps (par exemple *Le polichinelle* p. 22, *Le coup de poing,* p. 33, etc.) – car ce qui est important c'est la phase de récupération qui suit l'exercice et qui permet la prise de conscience du corps au présent (se sentir) grâce aux sensations amplifiées.

De même, d'autres exercices peuvent remplacer celui *des mains* (par exemple *La rotation du buste, Le balancement latéral*); ce qui compte ici c'est la **visualisation** (se voir) pendant et après l'exercice.

Les exercices sont secondaires, c'est l'esprit dans lequel on les pratique qui est important.

L'ouverture au monde

BUT DE L'EXERCICE
Une fois l'intégration du schéma corporel et du schéma existentiel réalisée, la prise de conscience et le développement des cinq sens permettent l'ouverture au monde et aux autres. Par exemple, la prise de conscience du sens de l'ouïe améliore l'écoute indispensable dans tout dialogue... et en classe; la prise de conscience du toucher, non seulement au niveau des mains mais aussi au niveau de tout le corps, améliore l'intégration spatiale, etc.

QUAND LE PRATIQUER?
Soit comme nous allons le décrire, en tant qu'excercice régulier activant les cinq sens au cours de la séance d'entraînement, soit dans la méthode personnelle (cf. plus loin) pour terminer par une « méditation » sur un des cinq sens que l'on voudrait développer.

COMMENT LE PRATIQUER?
Toujours la même recommandation : permettre à chaque membre du groupe de diriger la séance tout en pratiquant lui-même.

Debout : relaxation physique et détente mentale : vous savez maintenant réaliser ces préliminaires indispensables.
Un ou deux exercices d'amplification sensorielle avec ou non la visualisation de soi dans l'espace.

Assis : nous nous asseyons maintenant confortablement et nous approfondissons notre relâchement corporel en laissant bien aller les muscles du visage, des épaules, des bras, du dos, du buste et du ventre, du bassin, des jambes. Savourons toutes les sensations agréables de décompression et l'aisance des fonctions circulatoires et respiratoires.
Nous approfondissons aussi notre détente mentale, notre calme intérieur dans cette zone de vigilance intime.

Commençons cette prise de connaissance de nos cinq sens par **la vue.**
Essayons de voir notre visage tel qu'il est : le front, les sourcils, les paupières closes et, derrière les paupières, les yeux. Nous sentons du dedans nos yeux, nous pouvons les bouger à droite, à gauche, en haut, en bas et nous pouvons les voir du dehors. Ce sont nos organes de la vue. Qu'est-ce que la vue? (Pause : une minute.)

Laissons de côté la vue pour nous intéresser au nez que nous pouvons également voir du dehors et sentir du dedans : sentir l'air qui entre plus frais et qui sort plus chaud. Cet air est porteur d'odeurs, de senteurs. C'est notre organe de **l'odorat.** Où se trouve l'odorat, où sentons-nous? (Pause : une minute.)

Tout près du nez et en relation avec l'odorat se trouve **le goût.** Essayons de visualiser notre bouche et de sentir l'intérieur de notre bouche : la langue, les joues. Goûtons par exemple, notre salive. Quelle est sa saveur? Qu'est-ce que le goût? (Pause : une minute.)

Laissons maintenant de côté la bouche et le goût et intéressons-

nous aux oreilles. Essayons de les voir, de chaque côté de notre visage et écoutons les sons qui nous parviennent, à droite, à gauche. Essayons de les voir, de chaque côté de notre visage et écoutons. Il existe des sons évidents mais aussi des sons lointains, très fins. Peut-être même pouvons-nous entendre le silence dans lequel se meuvent les sons. Qu'est-ce que **l'ouïe**? (Pause : une minute.)

Laissons aussi de côté l'ouïe, que nous pouvons réactiver autant de fois que nous le désirons, et intéressons-nous au toucher. Nos mains, nos doigts, la pulpe des doigts touchent mais sont aussi touchés. Qu'est-ce que **le toucher**? (Pause : une minute.)

Essayons maintenant d'apprécier en même temps nos cinq sens : nous voyons, sentons, goûtons, entendons et touchons... nous **sommes**. (Pause.)

Laissons de côté cette attention exclusive sur nos cinq sens et percevons ce sixième sens qui est celui de nous sentir du dedans, de percevoir tout notre corps vivant, chaud, empli d'énergie...
Préparons-nous tranquillement à retrouver le tonus musculaire et le niveau de vigilance nécessaires à l'activité et à l'actualité en respirant plusieurs fois, amplement, en nous étirant, comme après une excellente nuit et quand nous ouvrirons nos yeux, contemplons, sentons, goûtons, écoutons et touchons tout le positif qui nous entoure.

Dialogue : « Bonjour! Comment allez-vous? » Avez-vous envie d'exprimer votre vécu – le positif d'abord! Ou poursuivez votre journal.

COMBIEN DE TEMPS?
Un quart d'heure à vingt minutes, selon les exercices préliminaires exécutés, sont suffisants.

La préparation à l'avenir

BUT DE L'EXERCICE
L'adolescent a du mal à appréhender l'avenir et il s'agit de l'aider dans cette voie. C'est le paramètre des motivations, des objectifs. Il s'agit donc d'orienter et de canaliser l'énergie vers cet avenir qu'il va construire.

QUAND LE PRATIQUER?
De toute façon après les exercices précédents.
Une fois par jour, soit seul, soit en profitant de la disponibilité accrue permise par les deux précédents exercices (en variant les exercices dynamiques).

COMMENT LE PRATIQUER?
Faire toujours précéder l'exercice d'une relaxation physique et d'une détente mentale.
Une fois assis, approfondissons et la relaxation physique et la détente mentale pour profiter à plein de ce niveau de conscience où nos facultés d'imagination et d'anticipation sont mises en évidence.

Imaginons donc une scène qui se déroulera dans un délai que nous choisissons. Essayons d'être aussi précis que possible quant à la date, le lieu et les circonstances. Imaginons tout d'abord

l'endroit où va se dérouler la situation programmée en y mettant tout ce que l'on a envie d'y voir : le cadre lui-même, le temps que l'on préfère, l'atmosphère et même l'heure de la journée que l'on aime le mieux.

Essayons ensuite de nous voir, nous-mêmes, en pleine forme physique et morale, seul ou accompagné, et en harmonie avec tout ce qui nous entoure. Nous nous voyons évoluer, heureux, accomplissant ce que l'on désire faire. Savourons les sensations et les émotions agréables que l'on désire sentir, ressentir. (Pause.)

Laissons s'estomper ces images que nous pourrons retrouver autant de fois que nous désirons et revenons maintenant au présent, pour savourer, aussi, notre corps au présent, relâché et dynamisé.

Préparons-nous progressivement à reprendre le tonus musculaire et le niveau de vigilance nécessaire à l'activité qui nous attend en respirant amplement et en nous étirant agréablement, comme si nous venions de passer une excellente nuit. Ouvrons les yeux.

Dialogue : « Comment allez-vous? » Chacun peut raconter son vécu, s'il le désire, ou se confier à son journal.

COMBIEN DE TEMPS?

Si la « futurisation » termine les deux exercices dynamiques, il faut compter deux à trois minutes supplémentaires par rapport à l'exercice précédent. S'il est pratiqué seul, dix minutes suffisent largement.

La maîtrise de l'émotion

BUT DE L'EXERCICE

Le but de cet exercice est annoncé dans son titre. En effet, si l'adolescent a grandement besoin de contrôler ses émotions, tellement celles-ci sont nombreuses et intenses, les adultes, en général, sont logés à la même enseigne. Aussi toute la famille, tout le groupe aura intérêt à pratiquer cette technique et pourra en tirer de larges bénéfices. Maîtriser, c'est contrôler et non pas inhiber. C'est une relaxation préventive et curative. On sait ce qu'il faut faire au moment où il le faut.

QUAND LE PRATIQUER?

Une fois les paramètres du présent et du futur parfaitement intégrés. En variant les situations émotionnelles positives stimulatrices. Le groupe pourra répéter cette technique une dizaine de fois afin de bien maîtriser la neutralisation de l'émotion.

COMMENT LE PRATIQUER?

Il est souhaitable de toujours commencer par une dynamisation physique aussi vous proposons-nous un exercice préalable activant toutes les sensations corporelles et que l'on va pratiquer en se visualisant.

Debout : installons-nous en position debout, en commençant par trouver notre équilibre dans cette position, les pieds écartés et le poids du corps bien réparti sur nos voûtes plantaires. Laissons de côte nos idées « parasites » et relâchons bien toutes nos tensions superflues.
Nous affinons notre relaxation en laissant bien aller tous les muscles du visage et en accueillant les sensations qui en proviennent. Nous relâchons aussi nos épaules et nos bras afin de permettre la décompression du cou et de la nuque. Nous détendons notre dos et, en même temps, la poitrine et le ventre, appréciant, ici, la libération de notre respiration. Enfin nous relâchons le bassin et, dans la mesure du possible, nos cuisses et nos jambes.
Une fois le corps relaxé et la respiration libre, nous approfondissons notre niveau de vigilance en nous laissant aller à notre expiration, profonde et calme. (Pause.)
Profitons de cette détente pour améliorer notre capacité de nous voir en même temps que nous essayons d'affiner notre perception des sensations : nous sentons notre corps du dedans et nous le voyons du dehors.

Avec cette double concentration, exécutons un exercice très simple : les mains au-dessus de la tête, bras tendus et en respiration libre, on va balancer le corps vers la droite et vers la gauche.
Sentons bien ce qui se passe à chaque mouvement : le poids du corps sur une jambe puis sur l'autre pendant qu'à l'inverse, de l'autre côté, nous sentons l'étirement. Nous pouvons également « voir » notre corps se balancer ainsi dans l'espace, dans cette pièce, avec les autres...

Retrouvons maintenant notre position première, bien campés sur nos jambes et nos pieds. Récupérons en savourant toutes nos sensations dynamisées par l'exercice tout en continuant de nous voir dans l'espace.

Nous allons nous asseoir, aussi situons-nous bien par rapport au siège et prévoyons les gestes et mouvements que nous allons faire.
Asseyons-nous.

Assis : approfondissons encore notre relaxation et notre détente mentale pour savourer plus intimement nos propres sensations en laissant de côté, maintenant, cette capacité de nous voir.

Consacrons-nous exclusivement, à l'approfondissement de notre détente et à la perception intérieure de nos sensations.

Profitons de cette disponibilité pour connaître et maîtriser nos émotions.
Commençons par aller chercher dans nos souvenirs une situation, une scène, qui nous a permis de vivre une émotion très agréable : la joie de recevoir ou de donner un cadeau, le bonheur de retrouver des amis, des êtres chers, etc. Revoyons la scène, revoyons-nous en train de vivre cette émotion très positive. (Pause.)

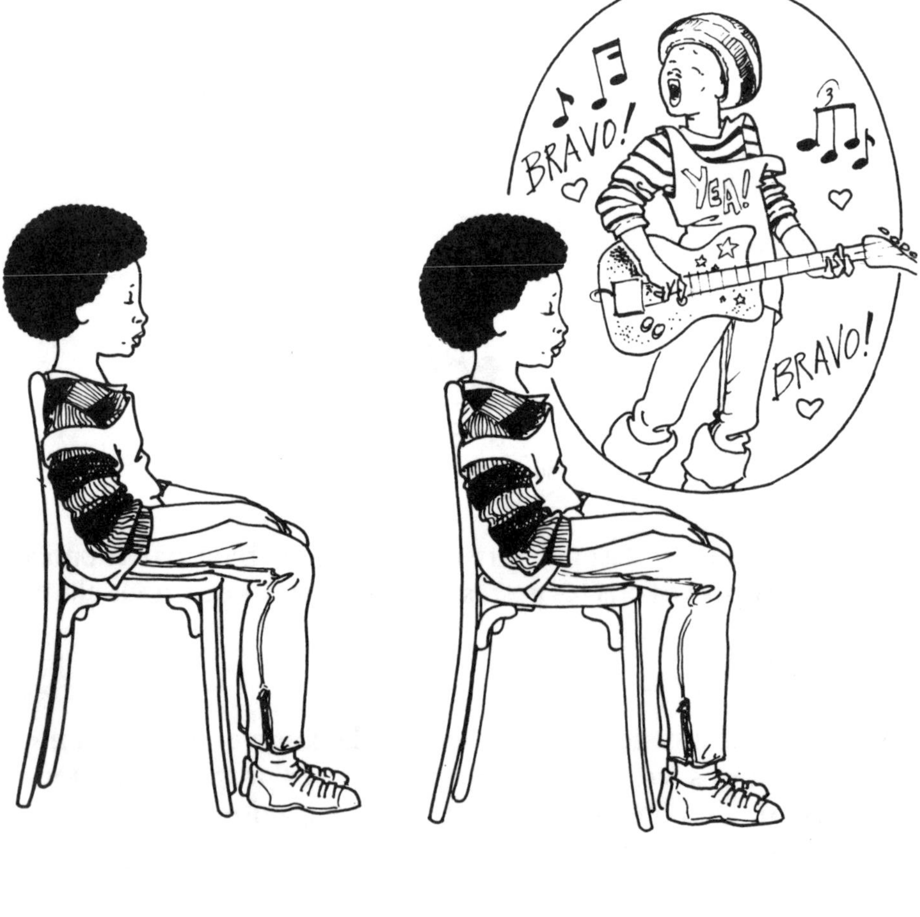

Revenons au présent et ressentons bien où se trouve notre émotion car elle est toujours là. Savourons-la quelques instants en renforçant notre confiance en nous-mêmes. Nous pourrons toujours, quand nous le voudrons, activer cette joie, ce bonheur.

Maintenant nous allons apprendre à maîtriser l'émotion en la laissant s'estomper. C'est évidemment dommage, mais en maîtrisant l'émotion agréable nous saurons également neutraliser les émotions désagréables.

Pour cela, laissons de côté l'image du souvenir en la remplaçant par une image neutre, un arbre, une fleur, un rocher et utilisons notre expiration pour mentionner un mot comme calme, paix, quiétude. Savourons, en même temps, notre détente, notre aisance respiratoire et circulatoire.
Une fois toutes les manifestations de l'émotion évanouies, nous nous préparons à reprendre le tonus musculaire et le niveau de vigilance nécessaire à notre activité quotidienne. Nous respirons, amplement, deux ou trois fois, et nous nous étirons agréablement en bougeant les pieds et les mains. Ouvrons nos yeux.

Dialogue : « Bonjour! Comment ça va? » Racontez (le positif d'abord) ou reprenez votre journal.

COMBIEN DE TEMPS?
Une vingtaine de minutes auront été nécessaires.

La maîtrise de l'émotion est probablement la technique qui a l'effet le plus bénéfique sur notre cerveau végétatif. Celui-ci a pour rôle d'équilibrer nos affects, mais lorsque l'émotion est trop forte (surtout l'angoisse, l'anxiété) il ne peut plus « étaler » les impacts et les conséquences se manifestent en périphérie : désordres hormonaux, hypertension, troubles cardiaques, etc.
On peut comparer ce cerveau végétatif à un thermostat dont le rôle est d'équilibrer la température. Mais ses possibilités ont des limites aussi pouvons-nous, en neutralisant l'émotion trop forte, par l'intermédiaire de notre système parasympathique (expiration) calmer les a-coups stressants de l'émotion au niveau de notre cerveau végétatif, celui-ci peut alors jouer à nouveau son rôle correctement (homéostase).

L'entraînement de la mémoire

LE RAPPEL DES SOUVENIRS

BUT DE L'EXERCICE
La mémoire est probablement la fonction dont l'adolescent aura le plus besoin dans son avenir immédiat. Or cette fonction essentielle s'entraîne, se développe. Les parents et les éducateurs également bénéficieront grandement de cette méthode.

QUAND LE PRATIQUER?
Après s'être exercé aux techniques activant les paramètres du présent et du futur. Le présent étant le point de référence de la reconstruction du passé, reconnu comme tel, et le futur étant la porte ouverte à la construction de l'avenir.
Cette méthode nécessitera une dizaine de séances afin d'assimiler ses différents temps, et avant son application dans le domaine de l'apprentissage.

CONSEILS
Bien lire la description de la méthode avant de la pratiquer. Chaque membre du groupe aura, au préalable, divisé son passé en trois tiers (ex. le père, 34 ans, aura divisé son passé en 0 - 11, 11 - 22 et 22 - 34 et l'adolescent 13 ans, aura divisé son passé en 0 - 4, 4 - 8 et 8 -13). Il s'agit là de l'organisation du matériel ou du ciblage qui va permettre la sélection des images, c'est-à-dire la facilitation de la recherche dans les archives de

la mémoire en éliminant celles qui n'appartiennent pas au tiers considéré. De plus, la sélection sera encore davantage ciblée en choisissant exclusivement les souvenirs agréables, sans activer les souvenirs désagréables.

Chaque membre du groupe pourra diriger la séance.

COMMENT LE PRATIQUER?

Debout : comme à notre habitude, nous commençons en position debout en concentrant notre attention sur nos sensations corporelles au présent.

Pour les amplifier, nous pouvons faire un exercice d'échauffement, avant de commencer réellement notre relaxation, un sautillement sur place, en respiration libre, comme dans *Le polichinelle,* décrit au début.

Maintenant, nous nous installons en position d'équilibre debout pour bien relâcher ce corps que nous sentons parfaitement après le sautillement d'échauffement. Nous relâchons donc le visage, les épaules et les bras, ce qui permet la décompression du cou, nous relâchons aussi notre dos, notre poitrine et notre ventre, tout en percevant les sensations que nous avons maintenant l'habitude de sentir. Nous relâchons aussi le bassin, les cuisses et les jambes et nous en profitons pour nous détendre mentalement en approfondissant notre niveau de vigilance.

Assis : asseyons-nous pour nous détendre encore plus profondément car nous devons accéder aux archives (latentes) de notre mémoire.

Nous avons divisé notre passé en trois tiers et nous allons commencer par le premier, c'est-à-dire le plus lointain, celui qui correspond à la mémoire à long terme. Dans ce premier tiers on choisit des points de repère : dates, lieux, circonstances et on évoque une situation vécue de manière agréable, un souvenir positif. Quand ce souvenir apparaîtra nous le fixe-

rons, c'est-à-dire que nous le détaillerons, le préciserons en revivant les sensations et les émotions positives que nous avons connues. Nous pourrons alors laisser venir toutes les associations agréables qu'un tel souvenir peut susciter c'est-à-dire d'autres situations, d'autres émotions similaires, etc. (Pause : 2 minutes.)

Laissons s'estomper ce premier souvenir et revenons quelques instants au présent; savourons aussi le présent et toutes les répercussions positives apportées par cette mémorisation.

Nous passons maintenant au deuxième souvenir, deuxième tiers de notre passé, toujours grâce aux points de repère : dates, lieux et circonstances. Évocation d'un deuxième souvenir agréable; nous le fixons quelques instants en le détaillant

et en le savourant avant de laisser venir des associations positives qu'il peut susciter... (deux trois minutes suffisent pour bien vivre le souvenir).
Laissons de côté ce souvenir que nous pourrons d'ailleurs retrouver autant de fois que nous le désirerons et apprécions quelques instants notre corps au présent.
Nous allons maintenant faire de même avec un souvenir dans notre troisième tiers de passé, le plus proche, c'est-à-dire évoquer une séquence, la fixer et la préciser avant de laisser venir les associations agréables qu'elle peut engendrer. (Pause.)
Revenons encore une fois au présent, savourons-le avant de prendre, maintenant, une posture particulière qui va nous permettre de réactiver notre vigilance.

Posture : nous nous asseyons au bord de la chaise et nous redressons bien la colonne vertébrale, les épaules doucement en arrière. Un peu comme si nous étions un cavalier sur un cheval descendant un sentier de montagne. Nous laissons nos yeux s'entrouvrir pour laisser filtrer la lumière entre nos paupières.
Dans cette posture, nous allons évoquer, rapidement les trois souvenirs et trouver, pour chacun d'eux, un mot ou une phrase qui résume bien le souvenir : nous apprenons ainsi à faire la synthèse. Une image symbolique peut, tout aussi bien, résumer la situation.

Toujours dans la posture, nous inscrivons sur une feuille de papier les trois mots ou les trois phrases ou les trois images symboliques qui résument les trois souvenirs.

Comme nous sommes au bord de la vigilance, il nous suffit alors de nous lever, de faire quelques étirements, voire quelques pas pour nous délasser.

Dialogue : « Alors? » Racontons chacun ce que l'on a envie de relater et, au moins, disons les trois résumés que nous avons écrits ou reportons-les sur notre journal.

COMBIEN DE TEMPS?

Un quart d'heure à vingt minutes suffisent car deux minutes de pause silencieuse entre chaque souvenir sont suffisantes.

Résumé schématique de la méthode :

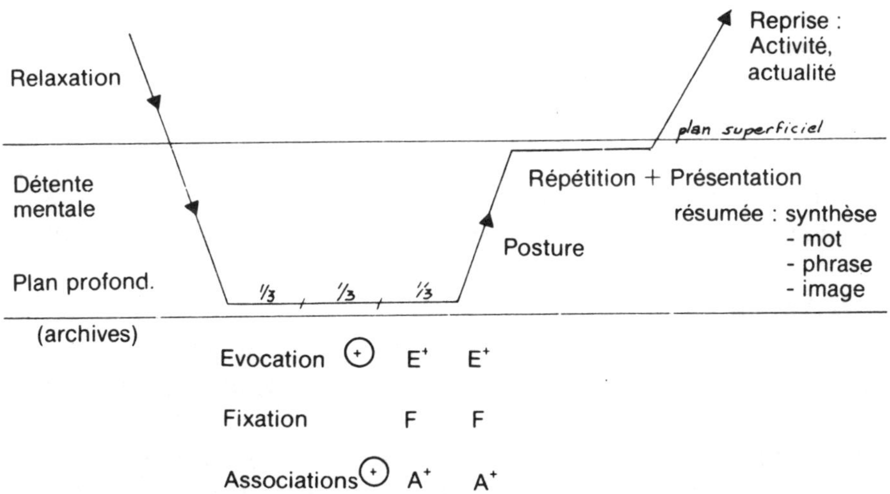

L'entraînement à l'apprentissage

EMMAGASINER LE PRÉSENT

BUT DE L'EXERCICE

Tout être qui se développe (tel l'adolescent, mais aussi l'adulte) est porteur de questions car un de ses besoins fondamentaux est celui de connaître.

La codification de l'apprentissage nous paraît essentielle car si apprendre est « un jeu d'enfant », retenir ce qui est appris nécessite une certaine autodiscipline. C'est le but de cet entraînement.

QUAND LE PRATIQUER?

D'abord en groupe, pendant une quinzaine de jours afin d'assimiler la technique et, ensuite, chacun de son côté lorsque la nécessité d'apprendre (en classe ou à la maison) est d'actualité.

CONSEILS

Pour cet exercice, au début, prenez un poème simple qui sera appris par cœur, puis des poèmes plus complexes, puis des textes.

Comme pour les autres exercices de ce troisième chapitre, il est bon que chaque membre de la famille (ou de la classe) dirige l'entraînement, tout en le pratiquant lui-même.

Lisez attentivement la description de la méthode avant de la pratiquer, du moins la première fois.

COMMENT LE PRATIQUER?

Debout : mise en disponibilité.

Relaxation physique : relâchons progressivement tout notre corps, comme nous en avons maintenant l'habitude : la tête et le visage, les épaules et les bras, le dos, la poitrine et le ventre, le bassin et les jambes. Au fur et à mesure de cette relaxation, nous percevons avec précision toutes les sensations qui émanent des différentes régions relâchées : sensation au niveau de la peau, des muscles, des articulations, de la circulation, et de la respiration. Nous affinons du même coup notre concentration.

Une fois le corps bien relâché et notre respiration libre, nous approfondissons notre niveau de vigilance grâce à notre expiration afin de nous rendre plus disponibles à l'apprentissage. (Pause.)

Assis : nous approfondissons encore plus et notre relâchement physique et notre détente mentale. (Pause.)

Posture : nous nous asseyons au bord de la chaise et nous redressons notre dos, la colonne vertébrale bien droite, les épaules doucement en arrière, le menton légèrement rentré et nous laissons nos paupières s'entrouvrir. Rappelons-nous la posture du cavalier assis sur son cheval, descendant un chemin de colline.

Dans cette posture et au bord de la vigilance, nous lisons un vers ou plusieurs vers, à notre guise, que nous voulons retenir. Nous les relisons, tranquillement une ou deux fois, puis nous nous réinstallons dans la position assise avec appui de notre dos sur le dossier, nous refermons nos yeux et nous évoquons ce que nous venons de lire en le fixant bien dans notre mémoire, là, dans ce niveau profond de la vigilance.

S'il nous manque un mot (ou plusieurs), ce n'est rien, nous laissons un « blanc » que nous compléterons tout à l'heure.

Une fois évoqué et fixé ce que nous avons lu, nous reprenons la posture au bord de la chaise, la posture du cavalier, nous laissons de nouveau nos paupières s'entrouvrir et nous répétons (sans regarder le texte écrit!) ce que nous venons de fixer dans notre niveau mental profond. Si nous nous apercevons qu'il manque quelque chose par rapport au texte de référence, nous le lisons attentivement puis en fermant les yeux et en nous asseyant confortablement nous allons le fixer avec le reste, dans les « blancs » que nous avons laissés exprès.

Nous reprenons alors la posture du « cavalier » et nous continuons l'apprentissage de notre poème en lisant, attentivement,

le nombre de vers que nous désirons retenir, une, deux ou trois fois, avant de nous « plonger » de nouveau dans nos profondeurs, assis confortablement, afin d'aller fixer dans les archives de notre mémoire ce que nous désirons garder.
Dans la posture du cavalier, nous répétons ce que l'on vient d'emmagasiner afin de le comparer, éventuellement, avec le texte de référence... et ainsi de suite, jusqu'à l'apprentissage complet du poème.

Nous terminons, comme toujours, par une reprise du tonus musculaire d'activité et le niveau de vigilance de l'actualité.

QUELQUES EXPLICATIONS

Il s'agit, dans cette méthode, d'engrammer à deux niveaux : le profond (les archives) et le superficiel. Si bien que lors de la restitution (la récitation) l'élève pourra utiliser ces deux niveaux, en commençant par le superficiel (une légère concentration sur ses souvenirs sera alors suffisante) puis, si nécessaire le profond (une relaxation physique et une détente mentale étant alors nécessaire) : l'entraînement permet, très rapidement, d'atteindre ce niveau profond.
Schématiquement on peut résumer le mécanisme de cette méthode comme suit :

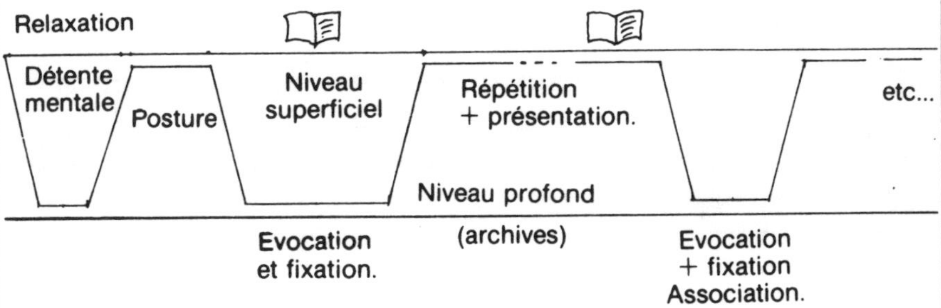

Dialogue : « Bonjour! Qui a envie de réciter son poème? »

COMBIEN DE TEMPS?

Il est évident que le temps d'apprentissage sera ici différent selon l'individu. C'est une des caractéristiques de la méthode : laisser à chacun l'entière liberté d'adaptation de la technique au service de son apprentissage.

On note, en général, que les « élèves » n'osent pas, au début du moins, apprendre beaucoup de mots à la fois, mais que petit à petit leur confiance en la méthode s'affirmant, ils accélèrent leur rythme d'apprentissage.

RETENIR L'ESSENTIEL

Quand il n'est pas nécessaire d'apprendre par cœur, la méthode est un peu différente :

– en posture anatomique (celle dite « du cavalier ») : lecture attentive du chapitre.

– en position assise confortable, les yeux fermés : évocation de ce qui a été lu, fixation de l'essentiel et, éventuellement, associations avec d'autres lectures ou les autres chapitres.

– en posture anatomique : répétition de ce qui vient d'être fixé pour une présentation résumée : synthèse.

Il y a donc, ici aussi, une double engrammation : profonde et superficielle.

Il suffit de noter, soit sur un carnet spécial, soit sur une page de garde du livre, le ou les mots résumant chaque chapitre, mots à partir desquels l'élève pourra reconstruire les chapitres.

Initiation à l'intuition

BUT DE L'EXERCICE

L'intuition est la fonction qui permet d'appréhender la vérité sans la participation de la rationalité. C'est une fonction essentielle de l'individu et l'adolescent, non encore totalement pollué par la rationalité, peut développer cette qualité qui va lui permettre de développer son potentiel, trouver sa voie, son idéal et ainsi, dynamiser ses motivations. L'adulte, quant à lui, pourra peut-être « retrouver » cette fonction et, avec elle, sa créativité.

Nous avons expérimenté diverses voies d'approche de cette fonction intuitive, si difficile à capter, et la meilleure nous a paru être l'imagination.

QUAND LE PRATIQUER?

Une fois les méthodes relatives à l'entraînement de la mémoire bien assimilées et la posture anatomique (dite « du cavalier ») bien intégrée, nous conseillons de terminer chaque séance par cette « méditation » durant quelques minutes.

CONSEILS

Nous vous proposons ici un thème amusant et efficace pour le développement de votre intuition : le thème de la maison inconnue que vous allez visiter. Vous pourrez répéter ce thème

quatre ou cinq fois, le reprendre ensuite de temps à autre pour constater les éventuelles modifications qui pourront survenir. Vous pourrez aussi utiliser d'autres thèmes tels : la remontée d'une rivière inconnue jusqu'à la source, puis le retour au point de départ. Ou bien encore la montée d'un sentier de montagne jusqu'à une cabane où un « vieux sage » répondra à votre question, etc.

COMMENT LE PRATIQUER?

Debout : mise en disponibilité par une relaxation physique et une détente mentale : vous connaissez maintenant parfaitement le processus.

Assis : approfondissons notre relâchement et notre détente pour savourer notre corps au présent dans sa récupération et sa décompression, ainsi que notre calme intérieur.
Profitons de ce niveau de vigilance où notre imagination est accrue pour imaginer une maison que nous ne connaissons pas : laissons venir, laissons faire, n'inventons pas n'importe quoi.
Une fois cette maison imaginaire apparue, observons-la. Nous pouvons d'abord en faire le tour, visiter le jardin (s'il y en a un) et revenir devant sa porte d'entrée.
Nous pouvons y entrer et la visiter au gré de notre fantaisie : le vestibule, les pièces, le grenier, etc. (Pause : 2 minutes.)

Revenons ici et maintenant pour retrouver notre corps au présent. Savourons notre détente physique et mentale. Nous pouvons faire le bilan de cette « visite » et, éventuellement tirer nos conclusions en sachant bien que le langage de notre imagination est surtout symbolique c'est-à-dire qu'il nécessite une traduction. Ne prenons pas ces images « à la lettre » car elles ont souvent une signification profonde beaucoup plus belle, plus positive que nous ne le pensons *a priori.*
Retrouvons maintenant tout le tonus nécessaire à l'activité, de même que le niveau de vigilance de l'actualité, comme nous savons le faire et à notre rythme. Enfin, ouvrons les yeux.

Dialogue : Comment allez-vous? Est-ce que quelqu'un a envie de raconter sa visite? Ou reprenez votre journal.

COMBIEN DE TEMPS?
Cette méthode pratiquée seule dure environ 10 minutes.

Après quelques séances vécues en position assise confortable, il est recommandé de vivre le même thème mais, cette fois, en posture anatomique, celle du « cavalier », ce qui vous permettra de noter la différence...

Initiation à la créativité

BUT DE L'EXERCICE

L'imagination permet de mettre en marche le processus de prise de conscience de la fonction intuitive et du langage symbolique qui seront les éléments essentiels de la méditation. La méditation, c'est « se laisser conduire vers le Centre » de soi-même. C'est « baisser les phares de la rationalité pour mieux voir la lumière qui luit en nous-mêmes ». C'est écouter notre voix intérieure, c'est communiquer, ou mieux encore, communier avec notre être authentique.

L'adolescent, comme l'adulte, aura tout intérêt à prendre conscience de cette **force** qui est en lui, de son **être,** qui lui confèrent cette confiance en lui-même qui lui manque la plupart du temps. Il n'appartient plus au monde des enfants et pas encore au monde des adultes. Ce sont ses propres racines qui vont lui donner l'assise nécessaire à son essor, à sa transcendance.

QUAND LE PRATIQUER?

Toujours. Il s'agit de l'objectif majeur de toute la démarche entreprise jusqu'à présent, le but suprême : la prise de conscience de sa conscience. L'être humain se distingue de l'animal par cette « réflexivité » de la conscience et l'adolescent de treize, quatorze ans est à l'orée de cette possibilité strictement humaine. C'est là son apanage et la source de sa créativité.

CONSEILS

Nous allons prendre pour thème de la méditation, en posture anatomique, l'**Énergie vitale** qui est la source de notre vie physique et psychique. D'autres thèmes pourront être pris tels la **Nature,** la **Vie,** l'**Amour,** etc.

La posture anatomique (dite « du cavalier ») est strictement recommandée car elle est la garante d'une méditation « avec le corps », « garde-fou » indispensable de toute méditation vraie.

COMMENT LE PRATIQUER?

Debout : échauffement, relaxation physique et détente mentale. Vous savez parfaitement mettre en route le processus.

Assis confortablement : nous approfondissons le relâchement et la décompression de notre corps, en savourant toutes les sensations grâce aussi à l'approfondissement de notre détente mentale.

Posture : nous nous asseyons maintenant en posture anatomique, c'est-à-dire au bord de la chaise, les genoux écartés et plus bas que le bassin, nos pieds se rejoignent sous la chaise. Le buste est droit, la colonne vertébrale parfaitement verticale et nous avons même légèrement creusé le bas du dos, au niveau de la charnière. Nos épaules sont doucement en arrière, le menton légèrement rentré.

Nous plaçons un poing fermé entre ombilic et pubis, recouvert par l'autre main et nous concentrons toute notre attention sur cette région du bas-ventre qui est aussi le siège de notre respiration abdominale basse : à chaque expiration nos mains réunies accompagnent en douceur la rentrée du bas-ventre et à chaque inspiration sa sortie.

Nous laissons s'entrouvrir nos paupières et nous allons méditer, c'est-à-dire laisser venir ce que les mots **énergie vitale** peuvent susciter en nous, peuvent engendrer à ce niveau de notre corps entre ombilic et pubis. Nous pouvons utiliser notre expiration pour améliorer notre concentration en mentionnant, pour nous-mêmes, les mots **énergie vitale,** un peu comme si nous vivions cette énergie-là, entre ombilic et pubis. Chaque fois, donc, que nous expirons l'air, nous mentionnons ces deux mots et nous laissons venir ce qu'ils suscitent en nous et, tout particulièrement, sous notre poing fermé recouvert par l'autre main. Apprécions les sensations et toute autre manifestation de cette énergie. Par exemple, laissons venir les couleurs de cette énergie puis nous laisserons venir la ou les formes que prend cette couleur. (Pause : cinq minutes.)

La marche : levons-nous ensemble, nous nous tournons tous d'un quart de tour vers la droite (par exemple) et nous conti-

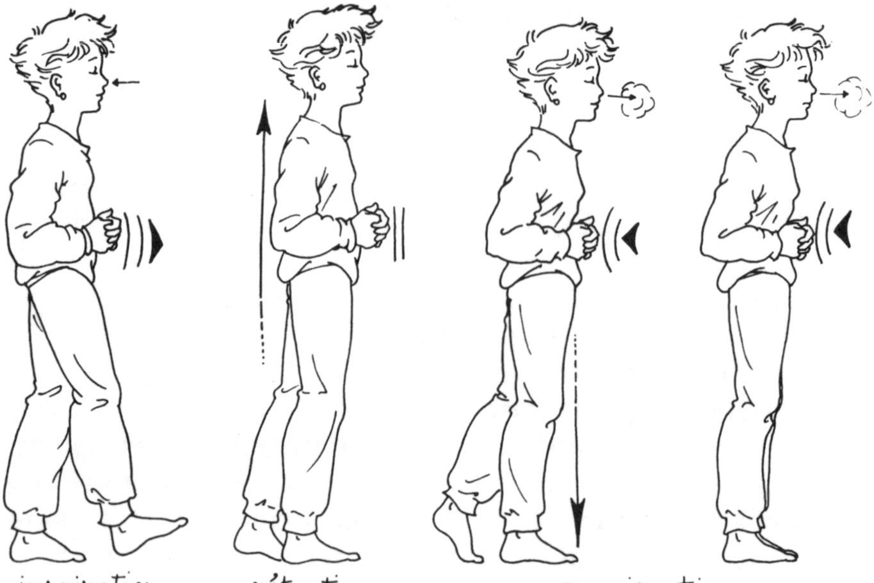

nuons de vivre cette énergie en marchant, tranquillement, en respiration synchronique c'est-à-dire qu'en inspirant on avance d'un demi-pas et en expirant on appuie tout le poids du corps sur le pied avancé et on laisse venir l'autre pied à la même hauteur. Lors de l'autre inspiration on avance d'un demi-pas l'autre pied, à l'expiration on « s'enfonce » dans le sol sur ce pied en laissant venir l'autre à la même hauteur et ainsi de suite. Marche de deux à trois minutes, toujours bien droits, les mains entre ombilic et pubis.

Assis : retrouvons maintenant nos sièges respectifs et asseyons-nous confortablement pour récupérer, les yeux fermés. Savourons la détente et toute cette mobilisation énergétique en nous. Savourons aussi ce « partage » en groupe, ce vécu collectif (en famille, en classe). Apprécions chaque fois plus notre **force** individuelle que nous pouvons partager avec les autres. (Pause.) Reprenons, enfin, la tonicité musculaire nécessaire à l'activité, de même que le niveau de vigilance de l'actualité en respirant profondément et en nous étirant agréablement. En ouvrant les yeux, essayons de remarquer tout ce qui est positif autour de nous.

Dialogue : « Bonjour. Comment allez-vous? » Quelqu'un a-t-il envie d'exprimer son vécu (et d'abord le positif!). Ou encore, vous pouvez vous confier à votre journal.

COMBIEN DE TEMPS?

Lorsque la méditation a lieu en groupe, il est bon de déterminer, au départ le temps que l'on va s'accorder et une vingtaine de minutes semblent idéales. Individuellement, le temps de cette méditation est évidemment libre. En général, il faut un minimum pour que des « phénomènes » se manifestent mais le temps est très variable d'un individu à l'autre et, même, d'un jour à l'autre!

Ma méthode personnelle

J'ai quatorze ans, je me suis entraîné consciencieusement, ce qui m'a permis de prendre conscience de mon corps à travers les messages corporels qu'il m'adresse, et aussi de mon existence au monde, de ma participation, de ma présence. J'ai aussi pris conscience de la **force** qui m'anime, de cette énergie vitale, source de tous mes élans, de mes actions, de mes émotions.

Pour devenir parfaitement maître de moi-même, pour pouvoir me contrôler afin d'atteindre mes objectifs propres que je commence à entrevoir, il me faut maintenant entretenir cet acquis en pratiquant tous les jours, durant un quart d'heure, vingt minutes, les exercices que je connais dans un ordre varié que je choisis selon les jours et les heures.

SCHÉMA D'ENTRAÎNEMENT PERSONNEL

Debout :
– échauffement : étirements, sautillements, etc.
– relaxation physique : le visage, les épaules, les bras, le dos, la poitrine, le ventre, le bassin et les jambes.
– détente mentale : approfondissement du niveau de vigilance à chaque expiration.
– activation physique : amplification des sensations (par

exemple contraction progressive de tout le corps, des pieds à la tête).
– récupération : appréciation de toutes les sensations amplifiées.
– visualisation : « je me sens du dedans et je me vois du dehors » (avec ou sans exercice); anticipation des mouvements pour s'asseoir.

Assis :
– approfondissement de la relaxation physique et de la détente mentale.
– précision de la visualisation, qu'on laisse ensuite de côté pour faire un autre exercice :
soit une activation du futur,
soit une activation du passé : mémoire,
soit une activation de l'apprentissage,
soit une méditation : en posture anatomique.
– les cinq sens.
– l'imagination (la maison, etc.).
– l'énergie vitale (...ou l'amour).

Reprise du tonus musculaire d'activité et du niveau de vigilance d'actualité.

Dialogue : si en groupe; si l'entraînement s'est réalisé seul : écrire sommairement les sensations et les impressions sur un petit « carnet de bord » ou son journal, en inscrivant d'abord le positif!

LA RELAXATION DE 12 À 15 ANS POUR QUELS BÉNÉFICES?

Puisqu'il s'agit maintenant d'un petit « adulte », les applications seront celles, ou presque, d'un adulte.
Il serait souhaitable que l'enfant ait commencé sa prise de conscience avant d'avoir atteint cet âge « à problèmes », afin de pouvoir prévenir certaines manifestations désagréables, plutôt que d'avoir à les guérir: Cependant, si tel n'est pas le cas avec un peu plus de temps et de disponibilité, les éducateurs (parents et pédagogues) pourront apporter à l'adolescent en difficulté une aide précieuse.

A la maison, l'approche de la puberté se manifeste par des symptômes variés qui traduisent toujours un changement de structure, l'abandon de l'enfance pour l'entrée dans l'âge adulte.
Si l'enfant a été préparé par une prise de conscience et le développement de son champ personnel, la métamorphose se déroule « en douceur », sans heurts importants, car il y a alors dédramatisation de ce qui se passe. Le garçon sourira devant ses « poils au menton », sa voix qui mue, la fille devant la poussée de ses seins, ses règles, etc.
Si, par contre, l'enfant entre de manière brusque dans cette période de crise, il risque de manifester son désarroi par une instabilité d'humeur caractérisée surtout par des alternances de joies et de dépits, des phases de pleine forme et de dépression, des périodes de totale intégration au groupe familial et de rejet systématique avec agressivité.

Là encore, la canalisation de son énergie devra être tentée, avec un esprit coopératif et dans une relation empathique. Les parents auront tout avantage à composer, en amis, avec leurs enfants. D'assistants, ils tenteront de devenir des alliés sur qui l'adolescent pourra compter et à qui il pourra se confier.

Des troubles apparaissent dus aux problèmes nouveaux qui se posent : autonomie des relations, dépendance financière, découvertes affectives et sexuelles, appels spirituels, etc. Si l'environnement se montre rigide et dogmatique, l'adolescent ne pourra pas demander de réponses à ces questions auxquelles il ne peut encore répondre lui-même. S'il y a eu, auparavant, conditionnement trop important, si sa prise de conscience reste insuffisante, c'est le conflit entre ses pulsions profondes, tant positives que négatives et le carcan comportemental, les règles imposées. Ce conflit non résolu provoquera des réactions de défense traduites par des symptômes : tantôt des réactions marginales du type somatique (fatigue inexpliquée, inappétence ou boulimie, mal au ventre, au dos, au cœur, tics, ongles rongés, etc.) ou de type psychologique (frayeurs, colères, dépression, angoisse de la mort, phobies, insomnies, etc.).

Le remède est double : verbal et pratique. Les parents auront intérêt à ne pas juger l'adolescent d'après leurs propres principes mais, au contraire, à s'ouvrir à son expérience, à se « mettre sur sa longueur d'onde », à participer pour dédramatiser, affectueusement. Mais il faut aussi renforcer les structures mêmes d'une personnalité encore fragile, aider l'adolescent à prendre conscience de son entité existentielle, par l'intégration de son schéma corporel, de sa fonction émotionnelle, de ses paramètres du présent, du futur, du passé. Lui donner confiance en lui-même par la valorisation de son potentiel positif... Tout ceci implique, évidemment, la maturité préalable des parents eux-mêmes... Les aspirations parascolaires doivent être encouragées, comme le sport, les arts, où l'idéal pourra s'identifier.

Un nouvel apprentissage doit être réalisé, celui de la vie d'adulte. Comme pour l'enfant plus jeune, il sera bon de laisser faire... dans les limites de la coopération.

A l'école, le pédagogue qui était assimilé, jusqu'à cet âge, au parent que l'on respecte, que l'on admire, que l'on aime (ou non), devient le symbole de l'adulte-qui-est-arrivé. Le professeur détient le pouvoir qui commence à être désiré par l'adolescent, la liberté, l'autonomie attendue, les relations amoureuses et sexuelles fantasmées, etc. D'où la nécessité, de la part du professeur, d'être authentique, c'est-à-dire responsable et autonome lui-même, car il est un exemple de ce que va devenir son élève. Si « cet âge est sans pitié », c'est que l'adolescent devine ce qu'il sera et refuse les défauts de cet adulte qui est incarné par son pédagogue.
Ici encore, une attitude chaleureuse, empathique favorisant le dynamisme de liberté et heuristique, c'est-à-dire aidant à la découverte, facilitera la communication et la motivation favorables au développement personnel. Les exercices de Relaxation dynamique, dans lesquels le professeur s'implique, seront un excellent moyen d'intégration du groupe. Le dialogue, après les exercices, permettra à ceux qui « ont des choses à dire » sur leurs vécus difficiles, de s'exprimer. Une attitude neutre mais bienveillante, non interprétative, permettra au pédagogue d'être le confident amical de sa classe, le « complice » plus

sage à qui l'adolescent pourra s'ouvrir... s'il ne le peut pas chez lui.
Cela demande, évidemment, une grande compétence de la part du maître, qui sera disponible, authentique et invulnérable (ou presque...). Encore une fois, nous le répétons, pour une telle communication « dynagogique », l'éducateur aura eu soin de se former lui-même, d'avoir pris conscience de ses capacités et de ses limites, de contrôler ses propres émotions afin de s'impliquer, sans projections ni danger, dans une telle relation.

Sa pédagogie n'en sera que meilleure et plus efficace car la complicité établie aura pour effet bénéfique que les élèves seront plus attentifs et motivés. La coloration affective de l'apprentissage étant positive, celui-ci sera donc de bien meilleure qualité et la mémorisation facilitée. La mise en pratique des exercices décrits est simple : il suffit que le pédagogue consacre une dizaine de minutes, en début de matinée, par exemple, à la Relaxation dynamique et cinq minutes au dialogue. Il a été vérifié que ce quart d'heure n'était pas « un quart d'heure perdu » mais, bien au contraire, qu'il était « gagné » sur l'inattention, la non-motivation, la dispersion, le refus, etc.

Le plus simple serait, peut-être, d'essayer...!

Conclusion

Ce que nous avons voulu réaliser avec ce livre, avant tout, c'est un guide pratique, évitant, autant que faire se peut, les explications théoriques qui sont à la base des techniques proposées. Toutes les théories ont été exprimées dans d'autres ouvrages [1].

Ce guide doit donc, certes, être lu mais aussi et surtout vécu. La seule lecture n'étant qu'un préalable nécessaire à la pratique.

Notre classification en trois tranches d'âge est tout à fait arbitraire, nous l'avons dit, car des enfants de dix ans peuvent tout aussi bien profiter des exercices de ceux de treize ans, comme de ceux de sept... C'est aux parents et aux éducateurs de juger, après avoir, eux-mêmes, vécu les exercices. Nous conseillons vivement en effet aux éducateurs de lire et de pratiquer pour mieux, ensuite, conseiller, guider et enseigner les enfants.

Les trois grands principes qui ont orienté notre démarche sont :

– d'abord le positif. Positif étant pris dans son double sens, d'agréable et d'affirmatif;
– d'abord le corps, pièce maîtresse de cette « nouvelle » éducation;
– d'abord l'autonomie, garante d'une réaction salutaire contre l'assistant stérilisant.

Cette démarche et les techniques s'y référant ont fait leurs preuves dans le domaine thérapeutique, pour commencer, où cette révolution s'imposait car le positif, en l'occurrence la santé, était bien le potentiel sur lequel le malade pouvait

1. *La sophrologie* par Dr Boon, Dr Y. Davrou, J.-Cl. Macquet (Retz, 1976). *Le guide pratique de sophrologie* par Dr Y. Davrou, J.-Cl. Macquet (Retz, 1983). *Les étonnantes possibilités de votre mémoire par la sophrologie* par Dr Y. Davrou (Retz, 1984).

compter pour sa guérison. Le corps était le terrain vierge sur lequel il pouvait diriger sa réconciliation avec lui-même, car l'autonomie était la seule voie garantissant une véritable guérison et non une compensation palliative. Par cette démarche, le médecin se transforme peu à peu en pédagogue enseignant à son patient des techniques restructurantes lui permettant la dynamisation de ses potentialités pour une émancipation face aux symptômes-alibis. Il faut ne plus avoir besoin de la maladie pour guérir.

Les preuves commencent aussi à être fournies dans le domaine prophylactique : la préparation à la maternité et à la parentalité responsables remplace peu à peu des techniques visant seulement l'accouchement sans douleur. Ici, c'est la sage-femme qui se transforme en pédagogue et non plus en assistante temporaire.
Les applications sociologiques ont donné d'excellents résultats dans des domaines très variés : rééducation de délinquants, notamment en Colombie (problème des « gamines »), intégration des groupes dans les entreprises, amélioration de l'apprentissage des langues, (expérience au Canada), préparation des sportifs de haut niveau (expérience en ski et en voile notamment).
Cependant dans tous ces domaines, il s'agissait encore à des degrés divers, de thérapies, individuelles ou de groupe. La véritable action positive sera la vôtre, parents et éducateurs, qui allez pouvoir aider les enfants dont vous avez la charge à développer tout leur potentiel, physique et psychique, de manière à être au monde, autonomes et responsables, forts de leurs capacités exprimées et non plus conditionnés par différentes modes.

Faire confiance à l'être n'est pas un pari philosophique : notre physiologie fonctionne toujours de manière harmonieuse. Ainsi par exemple, notre hypothalamus, notre cerveau végétatif prend toujours des décisions régulatrices en vue de notre harmonie physique et mentale : équilibre hormonal, conservation de l'espèce, etc. C'est nous qui le traumatisons par notre culture exclusivement « analytico-logique » aboutissant aux excès évidents qui nous entourent. Ce n'est certainement pas notre « cerveau végétatif émotionnel » qui a décidé de la présence des missiles... mais bien notre rationalité devenue folle! Faire confiance à l'homme, c'est lui permettre de faire la synthèse, et non plus seulement l'analyse. Et « penser avec le corps » comme nous le proposons dans ce guide pratique, c'est le début de la synthèse. La maîtrise des émotions est une aide que nous apportons à nos propres systèmes autorégulateurs physiologiques.

L'homme n'est pas terminé, aussi faisons en sorte que son développement se réalise en harmonie, avec lui-même, avec les autres, avec l'Univers.

Cet ouvrage a été composé
et achevé d'imprimer en France
en avril 2004
par l'imprimerie France Quercy à Cahors
N° d'imprimeur : 40610 FF
N° d'éditeur : 311
N° de projet : 10114218